에듀윌과 함께 시작하면,
당신도 합격할 수 있습니다!

오랜 직장 생활을 마감하며 찾아온 앞날에 대한 막연한 두려움
에듀윌만 믿고 공부해 합격의 길에 올라선 50대 은퇴자

출산한지 얼마 안돼 독박 육아를 하며 시작한 도전!
새벽 2~3시까지 공부해 8개월 만에 동차 합격한 아기엄마

만년 가구기사 보조로 5년 넘게 일하다, 달리는 차 안에서도
포기하지 않고 공부해 이제는 새로운 일을 찾게 된 합격생

누구나 합격할 수 있습니다.
시작하겠다는 '다짐' 하나면 충분합니다.

마지막 페이지를 덮으면,

에듀윌과 함께
공인중개사 합격이 시작됩니다.

공인중개사 1위

15년간 베스트셀러 1위
에듀윌 공인중개사 교재

탄탄한 이론 학습! 기초입문서/기본서/핵심요약집

기초입문서(2종)

기본서(6종)

1차 핵심요약집+기출팩(1종)

출제경향 파악, 실전 엿보기! 단원별/회차별 기출문제집

단원별 기출문제집(6종)

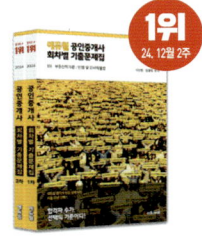
회차별 기출문제집(2종)

다양한 문제로 합격점수 완성! 기출응용 예상문제집/실전모의고사

기출응용 예상문제집(6종)

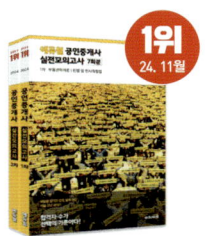
실전모의고사(2종)

* 2023 대한민국 브랜드만족도 공인중개사 교육 1위 (한경비즈니스)
* YES24 수험서 자격증 공인중개사 베스트셀러 1위 (2011년 12월, 2012년 1월, 12월, 2013년 1월~5월, 8월~12월, 2014년 1월~5월, 7월~8월, 12월, 2015년 2월~4월, 2016년 2월, 4월, 6월, 12월, 2017년 1월~12월, 2018년 1월~12월, 2019년 1월~12월, 2020년 1월~12월, 2021년 1월~12월, 2022년 1월~12월, 2023년 1월~12월, 2024년 1월~12월 월별 베스트, 매월 1위 교재는 다름)
* YES24 국내도서 해당분야 월별, 주별 베스트 기준

에듀윌 공인중개사

합격을 위한 비법 대공개! 합격서

이영방 합격서
부동산학개론

심정욱 합격서
민법 및 민사특별법

임선정 합격서
공인중개사법령 및 중개실무

김민석 합격서
부동산공시법

한영규 합격서
부동산세법

오시훈 합격서
부동산공법

신대운 합격서
쉬운민법

취약점 보완에 최적화! 저자별 부교재

임선정 그림 암기법
공인중개사법령 및 중개실무

오시훈 키워드 암기장
부동산공법

심정욱 합격패스 암기노트
민법 및 민사특별법

심정욱 핵심체크 OX
민법 및 민사특별법

시험 전, 이론&문제 한 권으로 완벽 정리! 필살키

이영방 필살키 심정욱 필살키 임선정 필살키 오시훈 필살키 김민석 필살키 한영규 필살키 신대운 필살키

더 많은
공인중개사 교재

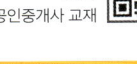

* 해당 교재의 이미지는 변경될 수 있습니다.

eduwill

공인중개사 1위

공인중개사, 에듀윌을 선택해야 하는 이유

9년간 아무도 깨지 못한 기록
합격자 수 1위

합격을 위한 최강 라인업
1타 교수진

공인중개사

합격만 해도 연 최대 300만원 지급
에듀윌 앰배서더

업계 최대 규모의 전국구 네트워크
동문회

* 2023 대한민국 브랜드만족도 공인중개사 교육 1위 (한경비즈니스)
* KRI 한국기록원 2016, 2017, 2019년 공인중개사 최다 합격자 배출 공식 인증 (2025년 현재까지 업계 최고 기록)   * 에듀윌 공인중개사 과목별 온라인 주간반 강사별 수강점유율 기준 (2024년 11월)
* 앰배서더 가입은 에듀윌 공인중개사 수강 후 공인중개사 최종 합격자이면서, 에듀윌 공인중개사 동문회 정회원만 가능합니다. (상세 내용 홈페이지 유의사항 확인 필공)
* 에듀윌 공인중개사 동문회 정회원 가입 시, 가입 비용이 발생할 수 있습니다.   * 앰배서더 서비스는 당사 사정 또는 금융당국의 지도 및 권고에 의해 사전 고지 없이 조기종료될 수 있습니다.

1위 에듀윌만의
체계적인 합격 커리큘럼

합격자 수가 선택의 기준, 완벽한 합격 노하우
온라인 강의

① 전 과목 최신 교재 제공
② 업계 최강 교수진의 전 강의 수강 가능
③ 합격에 최적화 된 1:1 맞춤 학습 서비스

최고의 학습 환경과 빈틈 없는 학습 관리
직영학원

① 현장 강의와 온라인 강의를 한번에
② 시험일까지 온라인 강의 무제한 수강
③ 강의실, 자습실 등 프리미엄 호텔급 학원 시설

  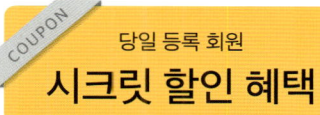 

쉽고 빠른 합격의 첫걸음 **기초용어집 무료** 신청

설명회 참석 당일 등록 시 **특별 수강 할인권** 제공

친구 추천 이벤트

"**친구 추천**하고 한 달 만에
920만원 받았어요"

친구 1명 추천할 때마다 현금 10만원 제공
추천 참여 횟수 무제한 반복 가능

친구 추천 이벤트
바로가기

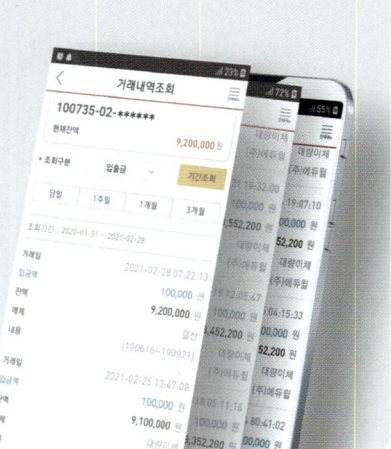

※ *a*o*h**** 회원의 2021년 2월 실제 리워드 금액 기준
※ 해당 이벤트는 예고 없이 변경되거나 종료될 수 있습니다.

자세한 내용이 궁금하다면 1600-6700
* 2023 대한민국 브랜드만족도 공인중개사 교육 1위 (한경비즈니스)

공인중개사 1위

합격자 수 1위 에듀윌
7만 건이 넘는 후기

고○희 합격생

부알못, 육아맘도 딱 1년 만에 합격했어요.

저는 부동산에 관심이 전혀 없는 '부알못'이었는데, 부동산에 관심이 많은 남편의 권유로 공부를 시작했습니다. 남편 지인들이 에듀윌을 통해 많이 합격했고, '합격자 수 1위'라는 광고가 좋아 에듀윌을 선택하게 되었습니다. 교수님들이 커리큘럼대로만 하면 된다고 해서 믿고 따라갔는데 정말 반복 학습이 되더라고요. 아이 둘을 키우다 보니 낮에는 시간을 낼 수 없어서 밤에만 공부하는 게 쉽지 않아 포기하고 싶을 때도 있었지만 '에듀윌 지식인'을 통해 합격하신 선배님들과 함께 공부하는 동기들의 위로가 큰 힘이 되었습니다.

이○용 합격생

군복무 중에 에듀윌 커리큘럼만 믿고 공부해 합격

에듀윌이 합격자가 많기도 하고, 교수님이 많아 제가 원하는 강의를 고를 수 있는 점이 좋았습니다. 또, 커리큘럼이 잘 짜여 있어서 잘 따라만 가면 공부를 잘 할 수 있을 것 같아 에듀윌을 선택했습니다. 에듀윌의 커리큘럼대로 꾸준히 따라갔던 게 저만의 합격 비결인 것 같습니다.

안○원 합격생

5개월 만에 동차 합격, 낸 돈 그대로 돌려받았죠!

저는 야쿠르트 프레시매니저를 하다 60세에 도전하여 합격했습니다. 심화 과정부터 시작하다 보니 기본이 부족했는데, 교수님들이 하라는 대로 기본 과정과 책을 더 보면서 정리하며 따라갔던 게 주효했던 것 같습니다. 합격 후 100만 원 가까이 되는 큰 돈을 환급받아 남편이 주택관리사 공부를 한다고 해서 뒷받침해 줄 생각입니다. 저는 소공(소속 공인중개사)으로 활동을 하고 싶은 포부가 있어 최대 규모의 에듀윌 동문회 활동도 기대가 됩니다.

다음 합격의 주인공은 당신입니다!

더 많은 합격 비법

* 에듀윌 홈페이지 게시 건수 기준 (2024년 12월 기준)
* 2023 대한민국 브랜드만족도 공인중개사 교육 1위 (한경비즈니스)

회독용 정답표

SUBJECT 부동산세법

활용방법

- 교재에 정답을 바로 체크하지 말고, 본 정답표를 활용하여 여러 번 풀어보세요.
- 오지선다 뿐만 아니라 보기지문까지 본 정답표에 표기해보세요.
- **체크** 칸에는 문제를 풀면서 정확히 알고 풀었으면 ○, 찍었거나 헷갈리면 △, 전혀 모르면 ✕로 표시하세요.
- 파트별 **실력점검표**와 함께 활용하여 취약 단원을 파악하고, 보완하세요.

  회독용 정답표는 [에듀윌 도서몰 > 도서자료실 > 부가학습자료]에서 다운받아 추가로 사용하실 수 있습니다.

PART 1 조세총론

CHAPTER 01 조세의 기초이론

번호	오지선다	보기지문	체크	번호	오지선다	보기지문	체크
예시	① ② ③ ● ⑤	㉠ ㉡ ● ● ㉤	○	02	① ② ③ ④ ⑤		
대표	① ② ③ ④ ⑤			03	① ② ③ ④ ⑤		
01	① ② ③ ④ ⑤	㉠ ㉡ ㉢ ㉣ ㉤					

CHAPTER 02 납세의무의 성립 · 확정 · 소멸

번호	오지선다	보기지문	체크	번호	오지선다	보기지문	체크
대표	① ② ③ ④ ⑤			03	① ② ③ ④ ⑤		
01	① ② ③ ④ ⑤	㉠ ㉡ ㉢ ㉣ ㉤		04	① ② ③ ④ ⑤		
02	① ② ③ ④ ⑤						

CHAPTER 03 조세와 타 채권과의 관계

번호	오지선다	보기지문	체크	번호	오지선다	보기지문	체크
대표	① ② ③ ④ ⑤			02	① ② ③ ④ ⑤		
01	① ② ③ ④ ⑤						

CHAPTER 04　조세의 불복제도

번호	오지선다	보기지문	체크	번호	오지선다	보기지문	체크
대표	① ② ③ ④ ⑤			02	① ② ③ ④ ⑤	㉠ ㉡ ㉢ ㉣	
01	① ② ③ ④ ⑤						

PART 2　지방세

CHAPTER 01　취득세

번호	오지선다	보기지문	체크	번호	오지선다	보기지문	체크
대표	① ② ③ ④ ⑤			13	① ② ③ ④ ⑤	㉠ ㉡ ㉢ ㉣	
01	① ② ③ ④ ⑤			14	① ② ③ ④ ⑤	㉠ ㉡ ㉢ ㉣ ㉤	
02	① ② ③ ④ ⑤			15	① ② ③ ④ ⑤		
03	① ② ③ ④ ⑤			16	① ② ③ ④ ⑤	㉠ ㉡ ㉢ ㉣	
04	① ② ③ ④ ⑤	㉠ ㉡ ㉢ ㉣		17	① ② ③ ④ ⑤		
05	① ② ③ ④ ⑤			18	① ② ③ ④ ⑤		
06	① ② ③ ④ ⑤			19	① ② ③ ④ ⑤		
07	① ② ③ ④ ⑤			20	① ② ③ ④ ⑤		
08	① ② ③ ④ ⑤			21	① ② ③ ④ ⑤		
09	① ② ③ ④ ⑤			22	① ② ③ ④ ⑤		
10	① ② ③ ④ ⑤	㉠ ㉡ ㉢ ㉣		23	① ② ③ ④ ⑤		
11	① ② ③ ④ ⑤			24	① ② ③ ④ ⑤		
12	① ② ③ ④ ⑤	㉠ ㉡ ㉢ ㉣		25	① ② ③ ④ ⑤		

CHAPTER 02 등록에 대한 등록면허세

번호	오지선다	보기지문	체크	번호	오지선다	보기지문	체크
대표	① ② ③ ④ ⑤			07	① ② ③ ④ ⑤		
01	① ② ③ ④ ⑤			08	① ② ③ ④ ⑤		
02	① ② ③ ④ ⑤			09	① ② ③ ④ ⑤		
03	① ② ③ ④ ⑤			10	① ② ③ ④ ⑤		
04	① ② ③ ④ ⑤			11	① ② ③ ④ ⑤		
05	① ② ③ ④ ⑤			12	① ② ③ ④ ⑤		
06	① ② ③ ④ ⑤			13	① ② ③ ④ ⑤		

CHAPTER 03 재산세

번호	오지선다	보기지문	체크	번호	오지선다	보기지문	체크
대표	① ② ③ ④ ⑤			11	① ② ③ ④ ⑤		
01	① ② ③ ④ ⑤	㉠ ㉡ ㉢		12	① ② ③ ④ ⑤		
02	① ② ③ ④ ⑤			13	① ② ③ ④ ⑤		
03	① ② ③ ④ ⑤			14	① ② ③ ④ ⑤		
04	① ② ③ ④ ⑤			15	① ② ③ ④ ⑤	㉠ ㉡ ㉢	
05	① ② ③ ④ ⑤			16	① ② ③ ④ ⑤	㉠ ㉡ ㉢ ㉣	
06	① ② ③ ④ ⑤			17	① ② ③ ④ ⑤		
07	① ② ③ ④ ⑤	㉠ ㉡ ㉢ ㉣		18	① ② ③ ④ ⑤		
08	① ② ③ ④ ⑤	㉠ ㉡ ㉢		19	① ② ③ ④ ⑤		
09	① ② ③ ④ ⑤			20	① ② ③ ④ ⑤		
10	① ② ③ ④ ⑤			21	① ② ③ ④ ⑤		

PART 3 국세

CHAPTER 01 종합부동산세

번호	오지선다	보기지문	체크	번호	오지선다	보기지문	체크
대표	① ② ③ ④ ⑤			08	① ② ③ ④ ⑤		
01	① ② ③ ④ ⑤	㉠ ㉡ ㉢ ㉣		09	① ② ③ ④ ⑤		
02	① ② ③ ④ ⑤			10	① ② ③ ④ ⑤		
03	① ② ③ ④ ⑤			11	① ② ③ ④ ⑤		
04	① ② ③ ④ ⑤			12	① ② ③ ④ ⑤		
05	① ② ③ ④ ⑤			13	① ② ③ ④ ⑤		
06	① ② ③ ④ ⑤			14	① ② ③ ④ ⑤		
07	① ② ③ ④ ⑤			15	① ② ③ ④ ⑤		

CHAPTER 02 종합소득세

번호	오지선다	보기지문	체크	번호	오지선다	보기지문	체크
대표	① ② ③ ④ ⑤			03	① ② ③ ④ ⑤		
01	① ② ③ ④ ⑤			04	① ② ③ ④ ⑤		
02	① ② ③ ④ ⑤			05	① ② ③ ④ ⑤		

CHAPTER 03 양도소득세

번호	오지선다	보기지문	체크	번호	오지선다	보기지문	체크
대표	① ② ③ ④ ⑤			27	① ② ③ ④ ⑤		
01	① ② ③ ④ ⑤	㉠ ㉡ ㉢ ㉣		28	① ② ③ ④ ⑤		
02	① ② ③ ④ ⑤			29	① ② ③ ④ ⑤		
03	① ② ③ ④ ⑤			30	① ② ③ ④ ⑤		
04	① ② ③ ④ ⑤			31	① ② ③ ④ ⑤		
05	① ② ③ ④ ⑤			32	① ② ③ ④ ⑤		
06	① ② ③ ④ ⑤			33	① ② ③ ④ ⑤	㉠ ㉡ ㉢ ㉣	
07	① ② ③ ④ ⑤			34	① ② ③ ④ ⑤	㉠ ㉡ ㉢	
08	① ② ③ ④ ⑤			35	① ② ③ ④ ⑤		
09	① ② ③ ④ ⑤			36	① ② ③ ④ ⑤		
10	① ② ③ ④ ⑤			37	① ② ③ ④ ⑤		
11	① ② ③ ④ ⑤			38	① ② ③ ④ ⑤		
12	① ② ③ ④ ⑤			39	① ② ③ ④ ⑤		
13	① ② ③ ④ ⑤			40	① ② ③ ④ ⑤		
14	① ② ③ ④ ⑤			41	① ② ③ ④ ⑤		
15	① ② ③ ④ ⑤			42	① ② ③ ④ ⑤		
16	① ② ③ ④ ⑤			43	① ② ③ ④ ⑤		
17	① ② ③ ④ ⑤			44	① ② ③ ④ ⑤		
18	① ② ③ ④ ⑤			45	① ② ③ ④ ⑤		
19	① ② ③ ④ ⑤			46	① ② ③ ④ ⑤		
20	① ② ③ ④ ⑤			47	① ② ③ ④ ⑤		
21	① ② ③ ④ ⑤			48	① ② ③ ④ ⑤		
22	① ② ③ ④ ⑤			49	① ② ③ ④ ⑤		
23	① ② ③ ④ ⑤			50	① ② ③ ④ ⑤		
24	① ② ③ ④ ⑤			51	① ② ③ ④ ⑤		
25	① ② ③ ④ ⑤			52	① ② ③ ④ ⑤		
26	① ② ③ ④ ⑤						

실력점검

CHAPTER별 ○(맞힌 문제), △(헷갈린 문제), ✕(틀린 문제)의 각 문항 수를 적고, 나의 취약 단원을 확인하세요.

PART 1

CHAPTER	○ 문항 수	△ 문항 수	✕ 문항 수	총 문항 수
01 조세의 기초이론				/ 4
02 납세의무의 성립·확정·소멸				/ 5
03 조세와 타 채권과의 관계				/ 3
04 조세의 불복제도				/ 3

나의 취약 단원 ▶

PART 2

CHAPTER	○ 문항 수	△ 문항 수	✕ 문항 수	총 문항 수
01 취득세				/26
02 등록에 대한 등록면허세				/14
03 재산세				/22

나의 취약 단원 ▶

PART 3

CHAPTER	○ 문항 수	△ 문항 수	✕ 문항 수	총 문항 수
01 종합부동산세				/16
02 종합소득세				/ 6
03 양도소득세				/53

나의 취약 단원 ▶

에듀윌이
너를
지지할게
ENERGY

시작하는 방법은
말을 멈추고
즉시 행동하는 것이다.

– 월트 디즈니(Walt Disney)

➕ **합격할 때까지 책임지는 개정법령 원스톱 서비스!**

법령 개정이 잦은 공인중개사 시험. 일일이 찾아보지 마세요!
에듀윌에서는 필요한 개정법령만을 빠르게! 한번에! 제공해 드립니다.

| 에듀윌 도서몰 접속 (book.eduwill.net) | ▶ | 우측 정오표 아이콘 클릭 | ▶ | 카테고리 공인중개사 설정 후 교재 검색 |

개정법령 확인하기

2025
에듀윌 공인중개사

단원별 기출문제집 2차

부동산세법

시험안내

01 시험일정   연 1회, 1·2차 동시 시행

구분		인터넷/모바일(App) 원서 접수기간	시험시행일
2025년도 제36회 제1·2차 시험 (동시접수·시행)	정기(5일간)	8월 2번째 주 월요일 09:00~금요일 18:00	매년 10월 마지막 주 토요일
	빈자리(2일간)	10월 초	

※ 정확한 시험 일정은 큐넷 홈페이지(www.Q-Net.or.kr)에서 확인이 가능합니다.

02 응시자격   제한 없음

※ 단, ① 「공인중개사법」 제4조의3에 따라 공인중개사 시험 부정행위자로 처분받은 날로부터 시험시행일 전일까지 5년이 경과되지 않은 자, ② 법 제6조에 따라 공인중개사 자격이 취소된 후 시험시행일 전일까지 3년이 경과되지 않은 자, ③ 시행규칙 제2조에 따른 기자격 취득자는 응시할 수 없음

03 시험과목 및 방법

구분	시험과목	문항 수	시험시간	시험방법
제1차 시험 1교시 (2과목)	1. 부동산학개론(부동산감정평가론 포함) 2. 민법 및 민사특별법 중 부동산 중개에 관련되는 규정	과목당 40문항 (1번~80번)	100분 (09:30~11:10)	객관식 5지 선택형
제2차 시험 1교시 (2과목)	1. 공인중개사의 업무 및 부동산 거래신고 등에 관한 법령 및 중개실무 2. 부동산공법 중 부동산 중개에 관련되는 규정	과목당 40문항 (1번~80번)	100분 (13:00~14:40)	
제2차 시험 2교시 (1과목)	부동산공시에 관한 법령(부동산등기법, 공간정보의 구축 및 관리 등에 관한 법률) 및 부동산 관련 세법	40문항 (1번~40번)	50분 (15:30~16:20)	

※ 답안은 시험시행일에 시행되고 있는 법령을 기준으로 작성

04 합격기준

구분	합격결정기준
제1차 시험	매 과목 100점을 만점으로 하여 매 과목 40점 이상, 전 과목 평균 60점 이상 득점한 자
제2차 시험	매 과목 100점을 만점으로 하여 매 과목 40점 이상, 전 과목 평균 60점 이상 득점한 자

※ 1차·2차 시험에 동시 응시는 가능하나, 1차 시험에 불합격하고 2차만 합격한 경우 2차 시험은 무효로 함

05 시험범위 및 출제비율

구분	시험과목	시험범위	출제비율
제1차 시험 1교시 (2과목)	부동산학개론	1. 부동산학개론	85% 내외
		2. 부동산감정평가론	15% 내외
	민법 및 민사특별법 중 부동산 중개에 관련되는 규정	1. 민법	85% 내외
		2. 민사특별법	15% 내외
제2차 시험 1교시 (2과목)	공인중개사의 업무 및 부동산 거래신고 등에 관한 법령 및 중개실무	1. 공인중개사법 2. 부동산 거래신고 등에 관한 법률	70% 내외
		3. 중개실무	30% 내외
	부동산공법 중 부동산 중개에 관련되는 규정	1. 국토의 계획 및 이용에 관한 법률	30% 내외
		2. 도시개발법 3. 도시 및 주거환경정비법	30% 내외
		4. 주택법 5. 건축법 6. 농지법	40% 내외
제2차 시험 2교시 (1과목)	부동산공시에 관한 법령 (부동산등기법, 공간정보의 구축 및 관리 등에 관한 법률) 및 부동산 관련 세법	1. 부동산등기법	30% 내외
		2. 공간정보의 구축 및 관리 등에 관한 법률 제2장 제4절 및 제3장	30% 내외
		3. 부동산 관련 세법 (상속세, 증여세, 법인세, 부가가치세 제외)	40% 내외

단원별 기출문제집 구성과 특징

합격생들의 합격비법을 담은!

합격비법 | 기출은 분석이 중요합니다.

합격생 A
기출문제를 풀 때는 시간에 구애받지 않고 꼼꼼하게 모든 지문을 분석해야 합니다. 왜 맞고 틀린 지문인지 생각해 보는 과정이 중요합니다.

합격생 B
저는 기출문제 분석을 통해 출제패턴을 파악했습니다. 긍정형과 부정형 문제의 패턴을 확인하고, 보기와 지문을 확실히 정리했습니다.

⬇

8개년 기출분석으로 만든 진짜 기출문제집

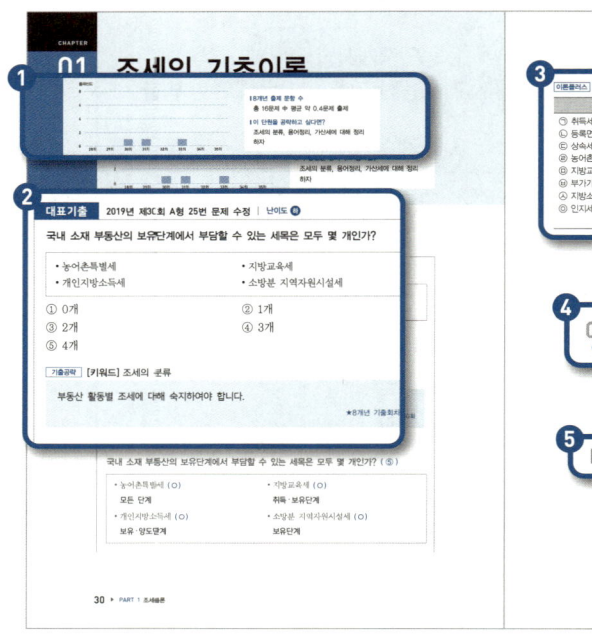

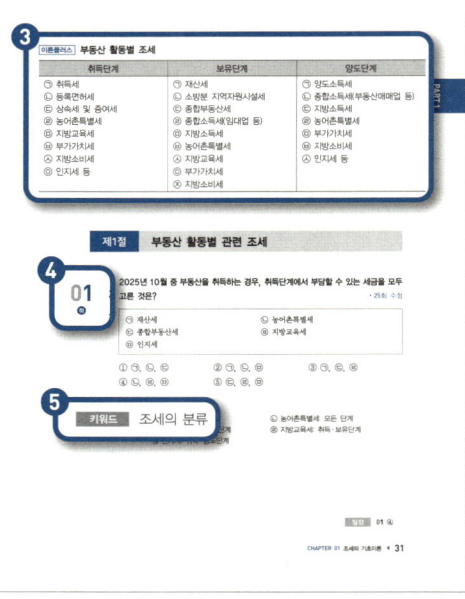

❶ 8개년 출제빈도 분석, 학습방향
❷ 대표기출문제, 기출공략법
❸ 지문별 첨삭 해설, 이론플러스
❹ 난이도 상/중/하 표기
❺ 문항별 키워드

합격비법 | 기출은 회독이 중요합니다.

합격생 C
기출문제 회독을 통해 내가 취약한 부분을 정확하게 확인하고 집중학습하는 것이 가장 중요합니다.

합격생 D
기출은 회독이 가장 중요합니다. 이해가 되지 않는 개념도 회독하다 보면 저절로 이해가 됩니다.

저절로 회독이 되는 기출문제집

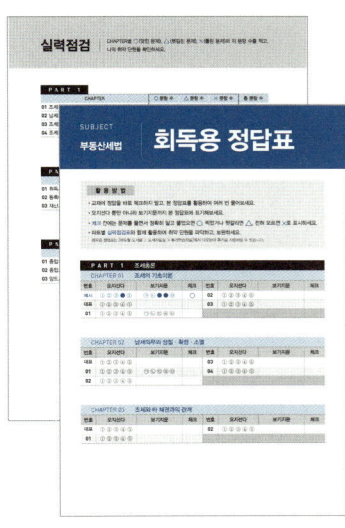

회독용 정답표&실력점검표
회독 수를 늘리고, 취약 부분 확인

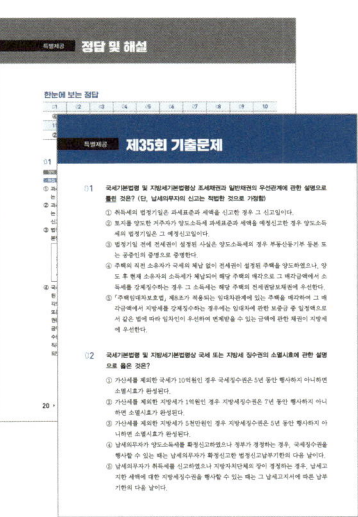

제35회 기출문제
단원별 기출문제를 풀기 전/후 실력 점검

중요 지문 OX
풀었던 기출문제의 중요 지문을 다시 한번 복기

저자의 말

시험 도전을 결심한 수험생들이 본격적인 학습을 시작하기에 앞서 학습의 방향을 판단하기 위해 보는 것이 바로 기출문제일 것입니다. 마찬가지로, 이미 이론을 공부한 수험생들도 자신의 실력을 점검하기 위해 기출문제 풀이를 빼놓지 않습니다. 이렇듯 기출문제 풀이는 모든 수험생들이 거쳐 가는 필수 관문입니다. 필수 관문을 무사히 통과하기 위해, 수험생들은 기출문제를 철저하게 분석하고 이해하고 있어야 하며, 이러한 이해도는 합격의 기준이 될 것입니다.

위와 같은 중요성을 감안하여, 본서는 기본서와 연계 학습이 가능한 단원별 구성의 기출문제를 수록했습니다. 본서를 통해 기출문제에 대한 이해는 물론, 이론을 응용하여 문제를 풀 수 있는 능력을 갖출 수 있기를 기대합니다.

최근 출제경향과 빈출부분을 철저하게 분석하고 대비하는 것이 가장 확실한 고득점의 길입니다. 다만, 개정이 많은 부동산세법의 경우는 꼭 기출문제 그대로가 아닌 최신법령을 반영해서 수정된 문제로 학습하여야 합니다. 이에 본서는 최신법령을 모두 반영하여 문제를 수정하였으며 자세한 해설과 함께 부족한 부분을 쉽게 확인할 수 있도록 근거법령조항을 명시하였습니다. 본서로 학습하시는 모든 분들의 합격을 진심으로 기원합니다.

저자 한영규

약력
- 現 에듀윌 부동산세법 전임 교수
- 現 세무법인 세익 원당지점 대표 세무사
- 現 동고양세무서 납세자보호위원
- 前 동고양세무서 국세심사위원
- 前 내국소비세법 및 회계학개론 강의

저서
에듀윌 공인중개사 부동산세법 기초입문서, 기본서, 단단, 합격서, 단원별/회차별 기출문제집, 기출응용 예상문제집, 실전모의고사, 필살키 등 집필

차례

특별제공 제35회 기출문제   12

PART 1   조세총론

CHAPTER 01 | 조세의 기초이론   30
CHAPTER 02 | 납세의무의 성립·확정·소멸   34
CHAPTER 03 | 조세와 타 채권과의 관계   40
CHAPTER 04 | 조세의 불복제도   44

PART 2   지방세

CHAPTER 01 | 취득세   50
CHAPTER 02 | 등록에 대한 등록면허세   74
CHAPTER 03 | 재산세   89

PART 3   국세

CHAPTER 01 | 종합부동산세   112
CHAPTER 02 | 종합소득세   128
CHAPTER 03 | 양도소득세   135

부록 중요 지문 OX   188

특별제공

제35회 기출문제

2024.10.26. 실시

한눈에 보는 제35회 최신 출제경향

출제비중

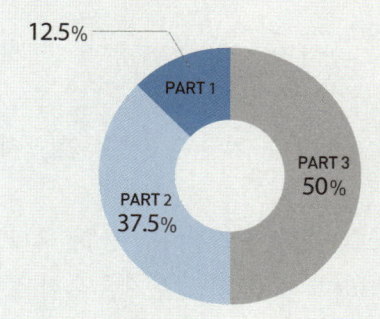

난이도

☑ **PART 3 국세 약 50% 출제!**

제35회 시험에서 파트별 출제 비중은 전년도 시험과 동일하였으나, PART 2의 등록면허세가 출제되지 않은 것이 특이했습니다. 여전히 PART 3 국세 부분의 출제 비중이 가장 높으므로 이 부분을 중점으로 학습하여야 합니다.

☑ **체감 난도는 평이한 편!**

최근 조세총론 파트가 계속해서 다소 어렵게 출제되었는데 제35회 시험에서도 상당히 난도가 있었습니다. 양도소득세 계산문제는 최근 몇 년 중 가장 어려운 문제였습니다. 이외의 문제는 비교적 무난하여 난이도 중·하 문제를 실수 없이 풀 수 있는지가 중요했습니다.

특별제공 제35회 기출문제

01 국세기본법령 및 지방세기본법령상 조세채권과 일반채권의 우선관계에 관한 설명으로 틀린 것은? (단, 납세의무자의 신고는 적법한 것으로 가정함)

① 취득세의 법정기일은 과세표준과 세액을 신고한 경우 그 신고일이다.
② 토지를 양도한 거주자가 양도소득세 과세표준과 세액을 예정신고한 경우 양도소득세의 법정기일은 그 예정신고일이다.
③ 법정기일 전에 전세권이 설정된 사실은 양도소득세의 경우 부동산등기부 등본 또는 공증인의 증명으로 증명한다.
④ 주택의 직전 소유자가 국세의 체납 없이 전세권이 설정된 주택을 양도하였으나, 양도 후 현재 소유자의 소득세가 체납되어 해당 주택의 매각으로 그 매각금액에서 소득세를 강제징수하는 경우 그 소득세는 해당 주택의 전세권담보채권에 우선한다.
⑤ 「주택임대차보호법」 제8조가 적용되는 임대차관계에 있는 주택을 매각하여 그 매각금액에서 지방세를 강제징수하는 경우에는 임대차에 관한 보증금 중 일정액으로서 같은 법에 따라 임차인이 우선하여 변제받을 수 있는 금액에 관한 채권이 지방세에 우선한다.

02 국세기본법령 및 지방세기본법령상 국세 또는 지방세 징수권의 소멸시효에 관한 설명으로 옳은 것은?

① 가산세를 제외한 국세가 10억원인 경우 국세징수권은 5년 동안 행사하지 아니하면 소멸시효가 완성된다.
② 가산세를 제외한 지방세가 1억원인 경우 지방세징수권은 7년 동안 행사하지 아니하면 소멸시효가 완성된다.
③ 가산세를 제외한 지방세가 5천만원인 경우 지방세징수권은 5년 동안 행사하지 아니하면 소멸시효가 완성된다.
④ 납세의무자가 양도소득세를 확정신고하였으나 정부가 경정하는 경우, 국세징수권을 행사할 수 있는 때는 납세의무자가 확정신고한 법정신고납부기한의 다음 날이다.
⑤ 납세의무자가 취득세를 신고하였으나 지방자치단체의 장이 경정하는 경우, 납세고지한 세액에 대한 지방세징수권을 행사할 수 있는 때는 그 납세고지서에 따른 납부기한의 다음 날이다.

03 종합부동산세법령상 주택에 대한 과세에 관한 설명으로 옳은 것은?

① 「신탁법」제2조에 따른 수탁자의 명의로 등기된 신탁주택의 경우에는 수탁자가 종합부동산세를 납부할 의무가 있으며, 이 경우 수탁자가 신탁주택을 소유한 것으로 본다.
② 법인이 2주택을 소유한 경우 종합부동산세의 세율은 1천분의 50을 적용한다.
③ 거주자 甲이 2024년부터 보유한 3주택(주택 수 계산에서 제외되는 주택은 없음) 중 2주택을 2025.6.17.에 양도하고 동시에 소유권이전등기를 한 경우, 甲의 2025년도 주택분 종합부동산세액은 3주택 이상을 소유한 경우의 세율을 적용하여 계산한다.
④ 신탁주택의 수탁자가 종합부동산세를 체납한 경우 그 수탁자의 다른 재산에 대하여 강제징수하여도 징수할 금액에 미치지 못할 때에는 해당 주택의 위탁자가 종합부동산세를 납부할 의무가 있다.
⑤ 공동명의 1주택자인 경우 주택에 대한 종합부동산세의 과세표준은 주택의 시가를 합산한 금액에서 11억원을 공제한 금액에 100분의 50을 한도로 공정시장가액비율을 곱한 금액으로 한다.

04 종합부동산세법령상 토지에 대한 과세에 관한 설명으로 옳은 것은?

① 토지분 재산세의 납세의무자로서 종합합산과세대상 토지의 공시가격을 합한 금액이 5억원인 자는 종합부동산세를 납부할 의무가 있다.
② 토지분 재산세의 납세의무자로서 별도합산과세대상 토지의 공시가격을 합한 금액이 80억원인 자는 종합부동산세를 납부할 의무가 있다.
③ 토지에 대한 종합부동산세는 종합합산과세대상, 별도합산과세대상 그리고 분리과세대상으로 구분하여 과세한다.
④ 종합합산과세대상인 토지에 대한 종합부동산세의 과세 표준은 해당 토지의 공시가격을 합산한 금액에서 5억원을 공제한 금액에 100분의 50을 한도로 공정시장가액비율을 곱한 금액으로 한다.
⑤ 별도합산과세대상인 토지의 과세표준 금액에 대하여 해당 과세대상 토지의 토지분 재산세로 부과된 세액(지방세법에 따라 가감조정된 세율이 적용된 경우에는 그 세율이 적용된 세액, 같은 법에 따라 세부담 상한을 적용받은 경우에는 그 상한을 적용받은 세액을 말한다)은 토지분 별도합산세액에서 이를 공제한다.

05 지방세법령상 취득세의 취득당시가액에 관한 설명으로 옳은 것은? (단, 주어진 조건 외에는 고려하지 않음)

① 건축물을 교환으로 취득하는 경우에는 교환으로 이전받는 건축물의 시가표준액과 이전하는 건축물의 시가표준액 중 낮은 가액을 취득당시가액으로 한다.
② 상속에 따른 건축물 무상취득의 경우에는 「지방세법」 제4조에 따른 시가표준액을 취득당시가액으로 한다.
③ 대물변제에 따른 건축물 취득의 경우에는 대물변제액(대물변제액 외의 추가로 지급한 금액이 있는 경우에는 그 금액을 제외한다)을 취득당시가액으로 한다.
④ 법인이 아닌 자가 건축물을 건축하여 취득하는 경우로서 사실상 취득가격을 확인할 수 없는 경우에는 시가인정액을 취득당시가액으로 한다.
⑤ 법인이 아닌 자가 건축물을 매매로 승계취득하는 경우에는 그 건축물을 취득하기 위하여 「공인중개사법」에 따른 공인중개사에게 지급한 중개보수를 취득당시가액에 포함한다.

06 지방세법령상 취득세에 관한 설명으로 틀린 것은? (단, 지방세특례제한법령은 고려하지 않음)

① 대한민국 정부기관의 취득에 대하여 과세하는 외국정부의 취득에 대해서는 취득세를 부과한다.
② 토지의 지목을 사실상 변경함으로써 그 가액이 증가한 경우에는 취득으로 본다.
③ 국가에 귀속의 반대급부로 영리법인이 국가 소유의 부동산을 무상으로 양여받는 경우에는 취득세를 부과하지 아니한다.
④ 영리법인이 취득한 임시흥행장의 존속기간이 1년을 초과하는 경우에는 취득세를 부과한다.
⑤ 신탁(신탁법에 따른 신탁으로서 신탁등기가 병행되는 것만 해당한다)으로 인한 신탁재산의 취득 중 주택조합등과 조합원 간의 부동산 취득에 대해서는 취득세를 부과한다.

07 지방세법령상 부동산 취득에 대한 취득세의 표준세율로 옳은 것을 모두 고른 것은? (단, 조례에 의한 세율조정, 지방세관계법령상 특례 및 감면은 고려하지 않음)

> ㉠ 상속으로 인한 농지의 취득: 1천분의 23
> ㉡ 법인의 합병으로 인한 농지 외의 토지 취득: 1천분의 40
> ㉢ 공유물의 분할로 인한 취득: 1천분의 17
> ㉣ 매매로 인한 농지 외의 토지 취득: 1천분의 19

① ㉠, ㉡
② ㉡, ㉢
③ ㉢, ㉣
④ ㉠, ㉡, ㉢
⑤ ㉡, ㉢, ㉣

08 소득세법령상 거주자의 부동산과 관련된 사업소득에 관한 설명으로 옳은 것은?

① 해당 과세기간의 종합소득금액이 있는 거주자(종합소득과세표준이 없거나 결손금이 있는 거주자를 포함한다)는 그 종합소득 과세표준을 그 과세기간의 다음 연도 5월 1일부터 5월 31일까지 대통령령으로 정하는 바에 따라 납세지 관할 세무서장에게 신고하여야 하며, 해당 과세기간에 분리과세 주택임대소득이 있는 경우에도 이를 적용한다.
② 공장재단을 대여하는 사업은 부동산임대업에 해당되지 않는다.
③ 해당 과세기간의 주거용 건물임대업을 제외한 부동산임대업에서 발생한 결손금은 그 과세기간의 종합소득 과세표준을 계산할 때 공제한다.
④ 「공익사업을 위한 토지 등의 취득 및 보상에 관한 법률」 제4조에 따른 공익사업과 관련하여 지역권을 설정함으로써 발생하는 소득은 부동산업에서 발생하는 소득에 해당한다.
⑤ 사업소득에 부동산임대업에서 발생한 소득이 포함되어 있는 사업자는 그 소득별로 구분하지 않고 회계처리하여야 한다.

09 지방세법령상 재산세 과세기준일 현재 납세의무자로 틀린 것은?

① 공부상에 개인 등의 명의로 등재되어 있는 사실상의 종중재산으로 종중소유임을 신고하지 아니하였을 경우: 종중
② 상속이 개시된 재산으로서 상속등기가 이행되지 아니하고 사실상의 소유자를 신고하지 아니하였을 경우: 행정안전부령으로 정하는 주된 상속자
③ 「도시 및 주거환경정비법」에 따른 정비사업(재개발사업만 해당한다)의 시행에 따른 환지계획에서 일정한 토지를 환지로 정하지 아니하고 체비지로 정한 경우: 사업시행자
④ 「채무자 회생 및 파산에 관한 법률」에 따른 파산선고 이후 파산종결의 결정까지 파산재단에 속하는 재산의 경우: 공부상 소유자
⑤ 지방자치단체와 재산세 과세대상 재산을 연부(年賦)로 매매계약을 체결하고 그 재산의 사용권을 무상으로 받은 경우: 그 매수계약자

10 지방세법령상 재산세의 물납에 관한 설명으로 옳은 것을 모두 고른 것은?

> ㉠ 지방자치단체의 장은 재산세의 납부세액이 1천만원을 초과하는 경우에는 납세의무자의 신청을 받아 해당 지방자치단체의 관할구역에 있는 부동산에 대하여만 대통령령으로 정하는 바에 따라 물납을 허가할 수 있다.
> ㉡ 시장·군수·구청장은 법령에 따라 불허가 통지를 받은 납세의무자가 그 통지를 받은 날부터 10일 이내에 해당 시·군·구의 관할구역에 있는 부동산으로서 관리·처분이 가능한 다른 부동산으로 변경신청하는 경우에는 변경하여 허가할 수 있다.
> ㉢ 물납을 허가하는 부동산의 가액은 물납 허가일 현재의 시가로 한다.

① ㉠
② ㉢
③ ㉠, ㉡
④ ㉡, ㉢
⑤ ㉠, ㉡, ㉢

11 지방세법령상 재산세에 관한 설명으로 옳은 것은? (단, 주어진 조건 외에는 고려하지 않음)

① 특별시 지역에서 「국토의 계획 및 이용에 관한 법률」에 따라 지정된 주거지역의 대통령령으로 정하는 공장용 건축물의 표준세율은 초과누진세율이다.
② 수탁자 명의로 등기·등록된 신탁재산의 수탁자는 과세기준일부터 15일 이내에 그 소재지를 관할하는 지방자치단체의 장에게 그 사실을 알 수 있는 증거자료를 갖추어 신고하여야 한다.
③ 주택의 토지와 건물소유자가 다를 경우 해당 주택에 대한 세율을 적용할 때 해당 주택의 토지와 건물의 가액을 소유자별로 구분계산한 과세표준에 세율을 적용한다.
④ 주택의 재산세로서 해당 연도에 부과할 세액이 20만원 이하인 경우에는 납기를 9월 16일부터 9월 30일까지로 하여 한꺼번에 부과·징수할 수 있다.
⑤ 지방자치단체의 장은 과세대상의 누락으로 이미 부과한 재산세액을 변경하여야 할 사유가 발생하여도 수시로 부과·징수할 수 없다.

12 (수정) 다음 자료를 기초로 할 때 소득세법령상 국내 토지A에 대한 양도소득세에 관한 설명으로 옳은 것은? (단, 甲, 乙, 丙은 모두 거주자임)

- 甲은 2019.6.20. 토지A를 3억원에 취득하였으며, 2021.5.15. 토지A에 대한 자본적 지출로 5천만원을 지출하였다.
- 乙은 2023.7.1. 직계존속인 甲으로부터 토지A를 증여받아 2023.7.25. 소유권이전등기를 마쳤다(토지A의 증여 당시 시가는 6억원임).
- 乙은 2025.10.20. 토지A를 甲 또는 乙과 특수관계가 없는 丙에게 10억원에 양도하였다.
- 토지A는 법령상 협의매수 또는 수용된 적이 없으며, 「소득세법」 제97조의2 양도소득의 필요경비 계산 특례(이월과세)를 적용하여 계산한 양도소득 결정세액이 이를 적용하지 않고 계산한 양도소득 결정세액보다 크다고 가정한다.

① 양도차익 계산 시 양도가액에서 공제할 취득가액은 6억원이다.
② 양도차익 계산 시 甲이 지출한 자본적 지출액 5천만원은 양도가액에서 공제할 수 없다.
③ 양도차익 계산 시 乙이 납부하였거나 납부할 증여세 상당액이 있는 경우 양도차익을 한도로 필요경비에 산입한다.
④ 장기보유특별공제액 계산 및 세율 적용 시 보유기간은 乙의 취득일로부터 양도일까지의 기간으로 한다.
⑤ 甲과 乙은 양도소득세에 대하여 연대납세의무를 진다.

13 소득세법령상 다음의 국내자산 중 양도소득세 과세대상에 해당하는 것을 모두 고른 것은? (단, 비과세와 감면은 고려하지 않음)

> ㉠ 토지 및 건물과 함께 양도하는 「개발제한구역의 지정 및 관리에 관한 특별조치법」에 따른 이축권(해당 이축권 가액을 대통령령으로 정하는 방법에 따라 별도로 평가하여 신고하지 않음)
> ㉡ 조합원입주권
> ㉢ 지역권
> ㉣ 부동산매매계약을 체결한 자가 계약금만 지급한 상태에서 양도하는 권리

① ㉠, ㉢
② ㉡, ㉣
③ ㉠, ㉡, ㉣
④ ㉡, ㉢, ㉣
⑤ ㉠, ㉡, ㉢, ㉣

14 소득세법령상 거주자의 국내자산 양도에 대한 양도소득세에 관한 설명으로 옳은 것은?

① 부담부증여의 채무액에 해당하는 부분으로 양도로 보는 경우에는 그 양도일이 속하는 달의 말일부터 2개월 이내에 양도소득세를 신고하여야 한다.
② 토지를 매매하는 거래당사자가 매매계약서의 거래가액을 실지거래가액과 다르게 적은 경우에는 해당 자산에 대하여 「소득세법」에 따른 양도소득세의 비과세에 관한 규정을 적용할 때, 비과세 받을 세액에서 '비과세에 관한 규정을 적용하지 아니하였을 경우와 양도소득 산출세액'과 '매매계약서의 거래가액과 실지거래가액과의 차액' 중 큰 금액을 뺀다.
③ 사업상의 형편으로 인하여 세대전원이 다른 시·군으로 주거를 이전하게 되어 6개월 거주한 주택을 양도하는 경우 보유기간 및 거주기간의 제한을 받지 아니하고 양도소득세가 비과세된다.
④ 토지의 양도로 발생한 양도차손은 동일한 과세기간에 전세권의 양도로 발생한 양도소득금액에서 공제할 수 있다.
⑤ 상속받은 주택과 상속개시 당시 보유한 일반주택을 국내에 각각 1개씩 소유한 1세대가 상속받은 주택을 양도하는 경우에는 국내에 1개의 주택을 소유하고 있는 것으로 보아 1세대 1주택 비과세 규정을 적용한다.

15 소득세법령상 거주자가 2025년에 양도한 국외자산의 양도소득세에 관한 설명으로 틀린 것은? (단, 거주자는 해당 국외자산 양도일까지 계속 5년 이상 국내에 주소를 두고 있으며, 국외 외화차입에 의한 취득은 없음)

① 국외자산의 양도에 대한 양도소득이 있는 거주자는 양도소득 기본공제는 적용받을 수 있으나 장기보유특별공제는 적용받을 수 없다.
② 국외 부동산을 양도하여 발생한 양도차손은 동일한 과세기간에 국내 부동산을 양도하여 발생한 양도소득금액에서 통산할 수 있다.
③ 국외 양도자산이 부동산임차권인 경우 등기 여부와 관계없이 양도소득세가 과세된다.
④ 국외자산의 양도가액은 그 자산의 양도 당시의 실지거래가액으로 한다. 다만, 양도 당시의 실지거래가액을 확인할 수 없는 경우에는 양도자산이 소재하는 국가의 양도 당시 현황을 반영한 시가에 따르되, 시가를 산정하기 어려울 때에는 그 자산의 종류, 규모, 거래상황 등을 고려하여 대통령으로 정하는 방법에 따른다.
⑤ 국외 양도자산이 양도 당시 거주자가 소유한 유일한 주택으로서 보유기간이 2년 이상인 경우에도 1세대 1주택 비과세 규정을 적용받을 수 없다.

16 다음 자료를 기초로 할 때 소득세법령상 거주자 甲의 확정신고 시 신고할 건물과 토지B의 양도소득과세표준을 각각 계산하면? (단, 아래 자산 외의 양도자산은 없고, 양도소득과세표준 예정신고는 모두 하지 않았으며, 감면소득금액은 없다고 가정함)

구분	건물(주택 아님)	토지A	토지B
양도차익(차손)	15,000,000원	(20,000,000원)	25,000,000원
양도일자	2025.3.10.	2025.5.20.	2025.6.25.
보유기간	1년 8개월	4년 3개월	3년 5개월

※ 위 자산은 모두 국내에 있으며 등기됨
※ 토지A, 토지B는 비사업용 토지 아님
※ 장기보유특별공제율은 6%로 가정함

	건물	토지B
①	0원	16,000,000원
②	0원	18,500,000원
③	11,600,000원	5,000,000원
④	12,500,000원	3,500,000원
⑤	12,500,000원	1,000,000원

한눈에 보는 정답

01	02	03	04	05	06	07	08	09	10
④	⑤	③	⑤	②	③	①	①	①	③
11	12	13	14	15	16				
②	③	③	④	②	④				

01 ④

영역 조세총론 > 조세의 기초이론

해설

① 과세표준과 세액의 신고에 의하여 납세의무가 확정되는 지방세의 경우 신고한 해당 세액에 대해서는 그 신고일이 법정기일이다(지방세기본법 제71조 제1항 제3호 가목).

② 과세표준과 세액의 신고에 따라 납세의무가 확정되는 국세[중간예납하는 법인세와 예정신고납부하는 부가가치세 및 소득세(소득세법 제105조에 따라 신고하는 경우로 한정한다)를 포함한다]의 경우 신고한 해당 세액의 법정기일은 그 신고일이다(국세기본법 제35조 제2항 제1호).

③ 법정기일 전에 전세권등이 설정된 사실은 다음의 어느 하나에 해당하는 방법으로 증명한다(국세기본법 시행령 제18조 제2항).

> 1. 부동산등기부 등본
> 2. 공증인의 증명
> 3. 질권에 대한 증명으로서 세무서장이 인정하는 것
> 4. 공문서 또는 금융회사 등의 장부상의 증명으로서 세무서장이 인정하는 것

④ 국세는 다른 공과금이나 그밖의 채권에 우선하여 징수한다. 그러나 법정기일 전에 전세권등이 설정된 재산이 양도, 상속 또는 증여된 후 해당 재산이 국세의 강제징수 또는 경매 절차 등을 통하여 매각되어 그 매각금액에서 국세를 징수하는 경우 해당 재산에 설정된 전세권등에 의하여 담보된 채권 또는 임대차보증금반환채권에 대해서는 그러하지 아니한다. 다만, 해당 재산의 직전 보유자가 전세권등의 설정 당시 체납하고 있었던 국세 등을 고려하여 대통령령으로 정하는 방법에 따라 계산한 금액의 범위에서는 국세(법정기일이 전세권등의 설정일보다 빠른 국세로 한정한다)를 우선하여 징수한다(국세기본법 제35조 제1항 제3의2호).
직전보유자가 체납한 국세는 없었고 현재 소유자가 체납한 소득세의 법정기일 전에 전세권이 설정되었기에 전세권이 우선한다(소득세는 당해세에 해당하지 아니한다).

⑤ 지방자치단체의 징수금은 다른 공과금과 그 밖의 채권에 우선하여 징수한다. 다만, 「주택임대차보호법」 제8조 또는 「상가건물 임대차보호법」 제14조가 적용되는 임대차관계에 있는 주택 또는 건물을 매각하여 그 매각금액에서 지방세를 징수하는 경우에는 임대차에 관한 보증금 중 일정액으로서 각 규정에 따라 임차인이 우선하여 변제받을 수 있는 금액에 관한 채권에 대해서는 우선징수하지 아니한다(지방세기본법 제71조 제1항 제4호).

02 ⑤

영역 조세총론 > 납세의무의 성립·확정·소멸

해설

①②③ 가산세를 제외한 국세가 5억원 이상(5억원 미만은 5년), 가산세를 제외한 지방세가 5천만원 이상(5천만원 미만은 5년)인 경우 국세 및 지방세 징수권은 10년 동안 행사하지 아니하면 소멸시효가 완성된다(국세기본법 제27조 제1항, 지방세기본법 제39조 제1항).

④⑤ 국세 및 지방세징수권을 행사할 수 있는 때는 다음의 날로 한다(국세기본법 제27조 제3항, 지방세기본법 제39조 제3항).

> 1. 과세표준과 세액의 신고로 납세의무가 확정되는 국세 및 지방세의 경우: 신고한 세액에 대해서는 그 법정납부기한의 다음 날
> 2. 과세표준과 세액을 정부 및 지방자치단체의 장이 결정 또는 경정하는 경우: 납세고지한 세액에 대해서는 그 납세고지서에 따른 납부기한의 다음 날

03 ③

영역 국세 > 종합부동산세

해설

① 「신탁법」 제2조에 따른 수탁자의 명의로 등기된 신탁주택의 경우에는 위탁자가 종합부동산세를 납부할 의무가 있으며, 이 경우 위탁자가 신탁주택을 소유한 것으로 본다(종합부동산세법 제7조 제2항).
② 법인(공익법인 등 제외)이 2주택을 소유한 경우 종합부동산세의 세율은 1천분의 27을 적용한다(종합부동산세법 제9조 제2항 제3호 가목).
③ 과세기준일(2025.6.1.) 현재는 3주택을 소유하고 있는 개인이기에 2025년도 주택분 종합부동산세액은 3주택 이상을 소유한 경우의 세율을 적용하여 계산한다.
④ 신탁주택의 위탁자가 종합부동산세를 체납한 경우 그 위탁자의 다른 재산에 대하여 강제징수하여도 징수할 금액에 미치지 못할 때에는 해당 주택의 수탁자가 신탁주택으로서 종합부동산세를 납부할 의무가 있다(종합부동산세법 제7조의2).
⑤ 공동명의 1주택자인 경우 주택에 대한 종합부동산세의 과세표준은 납세의무자별로 주택의 공시가격을 합산한 금액에서 9억원을 공제한 금액에 100분의 60부터 100분의 100까지의 범위에서 대통령령이 정하는 공정시장가액비율(2025년 100분의 60)을 곱한 금액으로 한다(종합부동산세법 제8조 제1항)(종합부동산세법 제10조의2의 요건 충족 시에는 1인을 납세의무자로 할 수 있다).

04 ⑤

영역 국세 > 종합부동산세

해설
① 토지분 재산세의 납세의무자로서 종합합산과세대상 토지의 공시가격을 합한 금액이 5억원을 초과하는 자는 종합부동산세를 납부할 의무가 있다(종합부동산세법 제12조 제1항 제1호).
② 토지분 재산세의 납세의무자로서 별도합산과세대상 토지의 공시가격을 합한 금액이 80억원을 초과하는 자는 종합부동산세를 납부할 의무가 있다(종합부동산세법 제12조 제1항 제2호).
③ 토지에 대한 종합부동산세는 종합합산과세대상, 별도합산과세대상으로 구분하여 과세한다(종합부동산세법 제11조).
④ 종합합산과세대상인 토지에 대한 종합부동산세의 과세표준은 해당 토지의 공시가격을 합산한 금액에서 5억원을 공제한 금액에 100분의 60부터 100분의 100까지의 범위에서 대통령령으로 정하는 공정시장가액비율(2025년 100분의 100)을 곱한 금액으로 한다(종합부동산세법 제13조 제1항).
⑤ 「종합부동산세법」 제14조 제6항

05 ②

영역 지방세 > 취득세

해설
① 교환 시 취득당시가액은 교환을 원인으로 이전받는 부동산등의 시가인정액과 이전하는 부동산등의 시가인정액(상대방에게 추가로 지급하는 금액과 상대방으로부터 승계받는 채무액이 있는 경우 그 금액을 더하고, 상대방으로부터 추가로 지급받는 금액과 상대방에게 승계하는 채무액이 있는 경우 그 금액을 차감한다) 중 높은 가액으로 한다(지방세법 시행령 제18조의4 제1항 제1호 나목).
② 상속에 따른 건축물 무상취득의 경우에는 「지방세법」 제4조에 따른 시가표준액을 취득당시가액으로 한다(지방세법 제10조의2 제2항 제1호).
③ 대물변제 시 취득당시가액은 대물변제액(대물변제액 외에 추가로 지급한 금액이 있는 경우에는 그 금액을 포함한다)을 취득당시가액으로 한다. 다만, 대물변제액이 시가인정액보다 적은 경우 취득당시가액은 시가인정액으로 한다(지방세법 시행령 제18조의4 제1항 제1호 가목).
④ 법인이 아닌 자가 건축물을 건축하여 취득하는 경우로서 사실상 취득가격을 확인할 수 없는 경우에는 시가표준액을 취득당시가액으로 한다(지방세법 제10조의4 제2항).
⑤ 법인이 아닌 자가 건축물을 매매로 승계취득하는 경우에는 그 건축물을 취득하기 위하여 「공인중개사법」에 따른 공인중개사에게 지급한 중개보수를 취득당시가액에 포함하지 아니한다(지방세법 시행령 제18조 제1항).

06 ③

영역 지방세 > 취득세

해설
국가에 귀속의 반대급부로 영리법인이 국가 소유의 부동산을 무상으로 양여받는 경우에는 취득세를 부과한다(지방세법 제9조 제2항 제2호).

07 ①

영역 지방세 > 취득세

해설
ⓒ 공유물의 분할로 인한 취득: 1천분의 23(지방세법 제11조 제1항 제5호)
ⓔ 매매로 인한 농지 외의 토지 취득: 1천분의 40(지방세법 제11조 제1항 제7호 나목)

08 ①

영역 국세 > 종합소득세

해설
① 「소득세법」 제70조 제1항·제2항
② 공장재단을 대여하는 사업은 부동산임대업에 해당한다(소득세법 제45조 제2항).
③ 해당 과세기간의 주거용 건물임대업을 제외한 부동산임대업에서 발생한 결손금은 그 과세기간의 종합소득 과세표준을 계산할 때 공제하지 아니한다(소득세법 제45조 제2항).
④ 「공익사업을 위한 토지 등의 취득 및 보상에 관한 법률」 제4조에 다른 공익사업과 관련하여 지역권을 설정함으로써 발생하는 소득은 부동산업에서 발생하는 소득에 해당하지 아니한다(소득세법 제19조 제1항 제12호).
⑤ 사업소득에 부동산임대업에서 발생한 소득이 포함되어 있는 사업자는 그 소득별로 구분하여 회계처리하여야 한다(소득세법 제160조 제4항).

09 ①

영역 지방세 > 재산세

해설
공부상에 개인 등의 명의로 등재되어 있는 사실상의 종중재산으로 종중소유임을 신고하지 아니하였을 경우: 공부상 소유자(지방세법 제107조 제2항 제3호)

10 ③

영역 지방세 > 재산세

해설
ⓒ 물납을 허가하는 부동산의 가액은 재산세 과세기준일 현재의 시가로 한다(지방세법 시행령 제115조 제1항).

11 ②

영역 지방세 > 재산세

해설
① 특별시 지역에서 「국토의 계획 및 이용에 관한 법률」에 따라 지정된 주거지역의 대통령령으로 정하는 공장용 건축물의 표준세율은 비례세율(1천분의 5)이다(지방세법 제111조 제1항 제2호 나목).
② 「지방세법」 제120조 제1항 제4호
③ 주택의 토지와 건물소유자가 다를 경우 해당 주택에 대한 세율을 적용할 때 해당 주택의 토지와 건물의 가액을 합산한 과세표준에 세율을 적용한다(지방세법 제113조 제3항).
④ 주택의 재산세로서 해당 연도에 부과할 세액이 20만원 이하인 경우에는 납기를 7월 16일부터 7월 31일까지로 하여 한꺼번에 부과·징수할 수 있다(지방세법 제115조 제1항 제3호).
⑤ 지방자치단체의 장은 과세대상의 누락으로 이미 부과한 재산세액을 변경하여야 할 사유가 발생하여도 수시로 부과·징수할 수 있다(지방세법 제115조 제2항).

12 ③

영역 국세 > 양도소득세

해설
① 양도차익 계산 시 양도가액에서 공제할 취득가액은 3억원이다.
② 양도차익 계산 시 甲이 지출한 자본적 지출액 5천만원은 양도가액에서 공제할 수 있다.
③ 양도차익 계산 시 乙이 납부하였거나 납부할 증여세 상당액이 있는 경우 양도차익을 한도로 필요경비에 산입한다.

> 「소득세법」 제97조의2 【양도소득의 필요경비 계산 특례】 ① 거주자가 양도일부터 소급하여 10년 이내에 그 배우자(양도 당시 혼인관계가 소멸된 경우를 포함하되, 사망으로 혼인관계가 소멸된 경우는 제외한다. 이하 이 항에서 같다) 또는 직계존비속으로부터 증여받은 제94조 제1항 제1호에 따른 자산이나 그 밖에 대통령령으로 정하는 자산의 양도차익을 계산할 때 양도가액에서 공제할 필요경비는 제97조 제2항에 따르되, 다음 각 호의 기준을 적용한다.
> 1. 취득가액은 거주자의 배우자 또는 직계존비속이 해당 자산을 취득할 당시의 제97조 제1항 제1호에 따른 금액으로 한다.
> 2. 제97조 제1항 제2호에 따른 필요경비에는 거주자의 배우자 또는 직계존비속이 해당 자산에 대하여 지출한 같은 호에 따른 금액을 포함한다.
> 3. 거주자가 해당 자산에 대하여 납부하였거나 납부할 증여세 상당액이 있는 경우 필요경비에 산입한다.

④ 장기보유특별공제액 계산 및 세율 적용 시 보유기간은 甲의 취득일로부터 양도일까지의 기간으로 한다(소득세법 제95조 제4항, 제104조 제2항 제2호).
⑤ 甲과 乙은 양도소득세에 대하여 연대납세의무는 없다.

13 ③

영역 국세 > 양도소득세

해설

ⓒ 지역권은 과세대상에 해당하지 않는다(소득세법 제94조).

양도소득세 과세대상

> 양도소득은 개인이 토지, 건물 등 「소득세법」에 열거된 국내 및 국외자산을 일시적으로 양도함으로써 발생하는 소득을 말한다.
> 1. 부동산(토지, 건물)
> 2. 부동산에 관한 권리
>   ① 부동산을 사용할 수 있는 권리: 전세권, 지상권, 등기된 임차권(국내)
>   ② 부동산을 취득할 수 있는 권리: 분양권, 조합원입주권, 상환채권 등
> 3. 기타 부동산 관련 자산
>   ① 특정주식 A(50%, 50%, 50% 요건 충족)
>   ② 특정주식 B(80%, 1주 이상): 골프장, 스키장 등
>   ③ 사업용 자산과 함께 양도하는 영업권
>   ④ 사업용 자산과 함께 양도하는 이축권
>   ⑤ 특정시설물 이용권 및 회원권
> 4. 주식 관련 자산(대주주양도분, 장외거래분 등)
> 5. 파생상품
> 6. 신탁의 이익을 받을 권리

14 ④

영역 국세 > 양도소득세

해설

① 부담부증여의 채무액에 해당하는 부분으로 양도로 보는 경우에는 그 양도일이 속하는 달의 말일부터 3개월 이내에 양도소득세를 신고하여야 한다(소득세법 제105조 제1항 제3호).
② 토지를 매매하는 거래당사자가 매매계약서의 거래가액을 실지거래가액과 다르게 적은 경우에는 해당 자산에 대하여 「소득세법」에 따른 양도소득세의 비과세에 관한 규정을 적용할 때, 비과세 받을 세액에서 '비과세에 관한 규정을 적용하지 아니하였을 경우와 양도소득 산출세액'과 '매매계약서의 거래가액과 실지거래가액과의 차액' 중 적은 금액을 뺀다(소득세법 제91조 제2항 제1호).
③ 근무상의 형편으로 인하여 세대전원이 다른 시·군으로 주거를 이전하게 되어 1년 이상 거주한 주택을 양도하는 경우 보유기간 및 거주기간의 제한을 받지 아니하고 양도소득세가 비과세된다(소득세법 시행령 제154조 제1항 제3호).
④ 「소득세법」 제102조 제2항
⑤ 상속받은 주택과 상속개시 당시 보유한 일반주택을 국내에 각각 1개씩 소유한 1세대가 일반주택을 양도하는 경우에는 국내에 1개의 주택을 소유하고 있는 것으로 보아 1세대 1주택 비과세 규정을 적용한다(소득세법 시행령 제155조 제2항).

15 ②

영역 국세 > 양도소득세

해설

국외 부동산을 양도하여 발생한 양도차손은 동일한 과세기간에 국내 부동산을 양도하여 발생한 양도소득금액에서 통산할 수 없다.

16 ④

영역 국세 > 양도소득세

해설

1. 양도소득금액을 계산할 때 양도차손이 발생한 자산이 있는 경우에는 「소득세법」 제102조 제1항 각 호별로 해당 자산 외의 다른 자산에서 발생한 양도소득금액에서 그 양도차손을 공제한다(소득세법 제102조 제2항).
2. 양도차손은 다음의 자산의 양도소득금액에서 순차로 공제한다(소득세법 시행령 제167조의2 제1항).
   ㉠ 양도차손이 발생한 자산과 같은 세율을 적용받는 자산의 양도소득금액
   ㉡ 양도차손이 발생한 자산과 다른 세율을 적용받는 자산의 양도소득금액. 이 경우 다른 세율을 적용받는 자산의 양도소득금액이 2 이상인 경우에는 각 세율별 양도소득금액의 합계액에서 당해 양도소득금액이 차지하는 비율로 안분하여 공제한다(토지·건물의 경우 2년 미만 보유와 2년 이상 보유 시 적용되는 세율이 다르다).
3. 건물은 보유기간이 1년 8개월이므로 장기보유특별공제를 적용할 수 없다.
4. 양도소득기본공제는 감면소득금액이 있는 경우에는 그 감면소득금액 외의 양도소득금액에서 먼저 공제하고, 감면소득금액 외의 양도소득금액 중에서는 해당 과세기간에 먼저 양도한 자산의 양도소득금액에서부터 순서대로 공제한다(소득세법 제103조 제2항).

구분	건물(주택 아님)	토지A	토지B
양도차익(차손)	15,000,000원	(20,000,000원)	25,000,000원
− 장기보유특별공제	−	−	(1,500,000원)*
양도소득금액 (양도차손 통산)	15,000,000원	(20,000,000원)	23,500,000원
		3,500,000원	
− 양도소득기본공제	(2,500,000원)	−	
양도소득과세표준	12,500,000원	3,500,000원	

* 25,000,000원 × 6% = 1,500,000원

인생은 곱셈이다.

어떤 찬스가 와도 내가 제로면
아무런 의미가 없다.

- 나카무라 미츠루

PART 1 조세총론

		3회독 체크
CHAPTER 01	조세의 기초이론	☑ ☐ ☐
CHAPTER 02	납세의무의 성립·확정·소멸	☐ ☐ ☐
CHAPTER 03	조세와 타 채권과의 관계	☐ ☐ ☐
CHAPTER 04	조세의 불복제도	☐ ☐ ☐

각 단원의 회독 수를 체크해보세요.

10%
(약 1.6문제)

PART 1 최근 8개년 출제비중

제35회 출제경향

제35회 시험을 포함해 최근 3년간 조세총론 파트에서 출제된 문제는 상당히 어려운 문제들이었습니다. 조세총론 전반적인 부분에 대해 두루 학습할 필요가 있습니다.

8개년 회차별 출제빈도 분석표

회차	28회	29회	30회	31회	32회	33회	34회	35회	비중(%)
CHAPTER 01			1	1		1			23
CHAPTER 02	1	1					2	1	39
CHAPTER 03			1	1				1	23
CHAPTER 04			1			1			15

* 복합문제이거나, 법률이 개정 및 제정된 경우 분류 기준에 따라 위 수치와 달라질 수 있습니다.

CHAPTER 01 조세의 기초이론

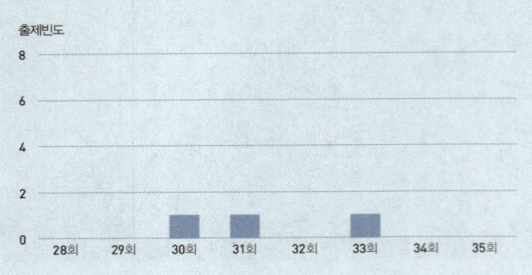

■ 8개년 출제 문항 수
총 16문제 中 평균 약 0.4문제 출제

■ 이 단원을 공략하고 싶다면?
조세의 분류, 용어정리, 가산세에 대해 정리하자

↳ 기본서 [부동산세법] pp. 16~37

대표기출 2019년 제30회 A형 25번 문제 수정 | 난이도 하

국내 소재 부동산의 보유단계에서 부담할 수 있는 세목은 모두 몇 개인가?

- 농어촌특별세
- 개인지방소득세
- 지방교육세
- 소방분 지역자원시설세

① 0개 ② 1개
③ 2개 ④ 3개
⑤ 4개

기출공략 [키워드] 조세의 분류

부동산 활동별 조세에 대해 숙지하여야 합니다.

★8개년 기출회차: 30회

국내 소재 부동산의 보유단계에서 부담할 수 있는 세목은 모두 몇 개인가? (⑤)

- 농어촌특별세 (O)
  모든 단계
- 개인지방소득세 (O)
  보유·양도단계
- 지방교육세 (O)
  취득·보유단계
- 소방분 지역자원시설세 (O)
  보유단계

이론플러스	부동산 활동별 조세		
	취득단계	보유단계	양도단계
	㉠ 취득세 ㉡ 등록면허세 ㉢ 상속세 및 증여세 ㉣ 농어촌특별세 ㉤ 지방교육세 ㉥ 부가가치세 ㉦ 지방소비세 ㉧ 인지세 등	㉠ 재산세 ㉡ 소방분 지역자원시설세 ㉢ 종합부동산세 ㉣ 종합소득세(임대업 등) ㉤ 지방소득세 ㉥ 농어촌특별세 ㉦ 지방교육세 ㉧ 부가가치세 ㉨ 지방소비세	㉠ 양도소득세 ㉡ 종합소득세(부동산매매업 등) ㉢ 지방소득세 ㉣ 농어촌특별세 ㉤ 부가가치세 ㉥ 지방소비세 ㉦ 인지세 등

제1절 부동산 활동별 관련 조세

01 2025년 10월 중 부동산을 취득하는 경우, 취득단계에서 부담할 수 있는 세금을 모두 고른 것은?

• 25회 수정

㉠ 재산세
㉡ 농어촌특별세
㉢ 종합부동산세
㉣ 지방교육세
㉤ 인지세

① ㉠, ㉡, ㉢
② ㉠, ㉡, ㉤
③ ㉠, ㉢, ㉣
④ ㉡, ㉣, ㉤
⑤ ㉢, ㉣, ㉤

키워드 조세의 분류

해설
㉠ 재산세: 보유단계
㉡ 농어촌특별세: 모든 단계
㉢ 종합부동산세: 보유단계
㉣ 지방교육세: 취득·보유단계
㉤ 인지세: 취득·양도단계

정답 01 ④

제2절 조세의 기초이론

02 지방세기본법 및 지방세법상 용어의 정의에 관한 설명으로 <u>틀린</u> 것은? • 31회 수정

① '보통징수'란 지방세를 징수할 때 편의상 징수할 여건이 좋은 자로 하여금 징수하게 하고 그 징수한 세금을 납부하게 하는 것을 말한다.
② 취득세에서 사용하는 용어 중 '부동산'이란 토지 및 건축물을 말한다.
③ '세무공무원'이란 지방자치단체의 장 또는 지방세의 부과·징수 등에 관한 사무를 위임받은 공무원을 말한다.
④ '납세자'란 납세의무자(연대납세의무자와 제2차 납세의무자 및 보증인 포함)와 특별징수의무자를 말한다.
⑤ '지방자치단체의 징수금'이란 지방세 및 체납처분비를 말한다.

키워드 용어의 정의

해설
- '특별징수'란 지방세를 징수할 때 편의상 징수할 여건이 좋은 자로 하여금 징수하게 하고 그 징수한 세금을 납부하게 하는 것을 말한다(지방세기본법 제2조 제1항 제20호).
- '보통징수'란 세무공무원이 납세고지서를 납세자에게 발급하여 지방세를 징수하는 것을 말한다(지방세기본법 제2조 제1항 제19호).

03 지방세기본법상 서류의 송달에 관한 설명으로 틀린 것은? • 33회

① 연대납세의무자에게 납세의 고지에 관한 서류를 송달할 때에는 연대납세의무자 모두에게 각각 송달하여야 한다.
② 기한을 정하여 납세고지서를 송달하였더라도 서류가 도달한 날부터 10일이 되는 날에 납부기한이 되는 경우 지방자치단체의 징수금의 납부기한은 해당 서류가 도달한 날부터 14일이 지난 날로 한다.
③ 납세관리인이 있을 때에는 납세의 고지와 독촉에 관한 서류는 그 납세관리인의 주소 또는 영업소에 송달한다.
④ 교부에 의한 서류송달의 경우에 송달할 장소에서 서류를 송달받아야 할 자를 만나지 못하였을 때에는 그의 사용인으로서 사리를 분별할 수 있는 사람에게 서류를 송달할 수 있다.
⑤ 서류송달을 받아야 할 자의 주소 또는 영업소가 분명하지 아니한 경우에는 서류의 주요 내용을 공고한 날부터 14일이 지나면 서류의 송달이 된 것으로 본다.

키워드 서류의 송달

해설 ① 납세의 고지와 독촉에 관한 서류는 연대납세의무자 모두에게 각각 송달하여야 한다(지방세기본법 제28조 제2항 단서).
② 기한을 정하여 납세고지서, 납부통지서, 독촉장 또는 납부최고서를 송달하였더라도 서류가 도달한 날부터 7일 이내에 납부기한이 되는 경우 지방자치단체의 징수금의 납부기한은 해당 서류가 도달한 날부터 14일이 지난 날로 한다(지방세기본법 제31조 제1항 제2호).
③ 납세관리인이 있을 때에는 납세의 고지와 독촉에 관한 서류는 그 납세관리인의 주소 또는 영업소에 송달한다(지방세기본법 제28조 제4항).
④ 송달할 장소에서 서류를 송달받아야 할 자를 만나지 못하였을 때에는 그의 사용인, 그 밖의 종업원 또는 동거인으로서 사리를 분별할 수 있는 사람에게 서류를 송달할 수 있으며, 서류의 송달을 받아야 할 자 또는 그의 사용인, 그 밖의 종업원 또는 동거인으로서 사리를 분별할 수 있는 사람이 정당한 사유 없이 서류의 수령을 거부하면 송달할 장소에 서류를 둘 수 있다(지방세기본법 제30조 제3항).
⑤ 서류의 송달을 받아야 할 자의 주소 또는 영업소가 분명하지 아니한 경우에는 서류의 주요 내용을 공고한 날부터 14일이 지나면 서류의 송달이 된 것으로 본다(지방세기본법 제33조 제1항 제2호).

정답 02 ① 03 ②

02 납세의무의 성립·확정·소멸

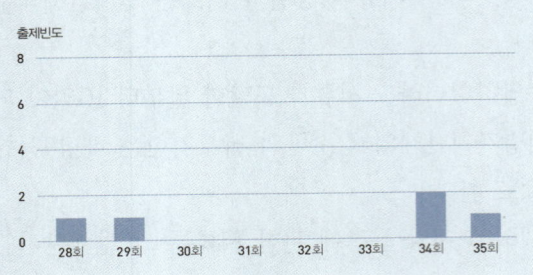

■ 8개년 출제 문항 수
총 16문제 中 평균 약 0.6문제 출제

■ 이 단원을 공략하고 싶다면?
- 납세의무의 성립시기를 이해하자
- 납세의무의 소멸 사유 관련 이론을 정리하자

↳ 기본서 [부동산세법] pp. 38~54

대표기출 | 2018년 제29회 A형 31번 문제 수정 | 난이도 중

국세 및 지방세의 납세의무 성립시기에 관한 내용으로 옳은 것은? (단, 특별징수 및 수시부과와 무관함)

① 사업소분 주민세: 매년 7월 1일
② 거주자의 양도소득에 대한 지방소득세: 매년 3월 31일
③ 재산세에 부가되는 지방교육세: 매년 8월 1일
④ 중간예납하는 소득세: 매년 12월 31일
⑤ 자동차 소유에 대한 자동차세: 납기가 있는 달의 10일

기출공략 [키워드] 납세의무의 성립

납세의무의 성립시기에 대해 숙지해야 합니다.

29회

국세 및 지방세의 납세의무 성립시기에 관한 내용으로 옳은 것은? (단, 특별징수 및 수시부과와 무관함) (①)

① 사업소분 주민세: 매년 7월 1일 (O)
② 거주자의 양도소득에 대한 지방소득세: ~~매년 3월 31일~~ (X)
　→ 과세기간이 끝나는 때

③ 재산세에 부가되는 지방교육세: 매년 ~~8월 1일~~(×)
　　　　　　　　　　　　　　　→ 6월 1일

④ 중간예납하는 소득세: ~~매년 12월 31일~~(×)
　　　　　　　　　→ 중간예납기간이 끝나는 때

⑤ 자동차 소유에 대한 자동차세: 납기가 있는 달의 ~~말일~~(×)
　　　　　　　　　　　　　　　　　　→ 1일

> **이론플러스** 납세의무의 성립시기
>
> 1. 지방세 납세의무의 성립시기(지방세기본법 제34조)
>   ㉠ 취득세: 과세물건을 취득하는 때
>   ㉡ 등록면허세
>   　ⓐ 등록에 대한 등록면허세: 재산권과 그 밖의 권리를 등기하거나 등록하는 때
>   　ⓑ 면허에 대한 등록면허세: 각종의 면허를 받는 때와 납기가 있는 달의 1일
>   ㉢ 지방소비세: 「국세기본법」에 따른 부가가치세의 납세의무가 성립하는 때
>   ㉣ 주민세
>   　ⓐ 개인분 및 사업소분: 과세기준일(7월 1일)
>   　ⓑ 종업원분: 종업원에게 급여를 지급하는 때
>   ㉤ 지방소득세: 과세표준이 되는 소득에 대하여 소득세·법인세의 납세의무가 성립하는 때
>   ㉥ 재산세: 과세기준일(6월 1일)
>   ㉦ 소방분 지역자원시설세(건축물 및 선박): 과세기준일(6월 1일)
>   ㉧ 지방교육세: 과세표준이 되는 세목의 납세의무가 성립하는 때
>   ㉨ 수시로 부과하여 징수하는 지방세: 수시부과할 사유가 발생하는 때
> 2. 국세납세의무의 성립시기(국세기본법 제21조)
>   ㉠ 소득세·법인세: 과세기간이 끝나는 때
>   ㉡ 상속세: 상속이 개시되는 때
>   ㉢ 증여세: 증여에 의하여 재산을 취득하는 때
>   ㉣ 인지세: 과세문서를 작성한 때
>   ㉤ 농어촌특별세: 본세의 납세의무가 성립하는 때
>   ㉥ 종합부동산세: 과세기준일(6월 1일)
>   ㉦ 중간예납하는 소득세·법인세 또는 예정신고기간·예정부과기간에 대한 부가가치세: 중간예납기간 또는 예정신고기간·예정부과기간이 끝나는 때
>   ㉧ 수시부과(隨時賦課)하여 징수하는 국세: 수시부과할 사유가 발생한 때

01 지방세기본법상 지방자치단체의 징수금을 납부할 의무가 소멸되는 것은 모두 몇 개인가?

• 28회

㉠ 납부·충당되었을 때
㉡ 지방세징수권의 소멸시효가 완성되었을 때
㉢ 법인이 합병한 때
㉣ 지방세부과의 제척기간이 만료되었을 때
㉤ 납세의무자의 사망으로 상속이 개시된 때

① 1개
② 2개
③ 3개
④ 4개
⑤ 5개

키워드 납부의무의 소멸사유

해설 법인이 합병한 때와 납세의무자의 사망으로 상속이 개시된 때는 소멸사유에 해당하지 아니하고 납세의무자에게 승계된다.

02 국세기본법령상 국세의 부과제척기간에 관한 설명으로 옳은 것은? • 34회

① 납세자가 「조세범 처벌법」에 따른 사기나 그 밖의 부정한 행위로 종합소득세를 포탈하는 경우(역외거래 제외) 그 국세를 부과할 수 있는 날부터 15년을 부과제척기간으로 한다.
② 지방국세청장은 「행정소송법」에 따른 소송에 대한 판결이 확정된 경우 그 판결이 확정된 날부터 2년이 지나기 전까지 경정이나 그 밖에 필요한 처분을 할 수 있다.
③ 세무서장은 「감사원법」에 따른 심사청구에 대한 결정에 의하여 명의대여 사실이 확인되는 경우에는 당초의 부과처분을 취소하고 그 결정이 확정된 날부터 1년 이내에 실제로 사업을 경영한 자에게 경정이나 그 밖에 필요한 처분을 할 수 있다.
④ 종합부동산세의 경우 부과제척기간의 기산일은 과세표준과 세액에 대한 신고기한의 다음 날이다.
⑤ 납세자가 법정신고기한까지 과세표준신고서를 제출하지 아니한 경우(역외거래 제외)에는 해당 국세를 부과할 수 있는 날부터 10년을 부과제척기간으로 한다.

키워드 부과제척기간

해설 ① 납세자가 「조세범 처벌법」에 따른 사기나 그 밖의 부정한 행위로 종합소득세를 포탈하는 경우(역외거래 제외) 그 국세를 부과할 수 있는 날부터 10년을 부과제척기간으로 한다(국세기본법 제26조의2 제2항 제2호).
② 지방국세청장은 「행정소송법」에 따른 소송에 대한 판결이 확정된 경우 그 판결이 확정된 날부터 1년이 지나기 전까지 경정이나 그 밖에 필요한 처분을 할 수 있다(국세기본법 제26조의2 제6항 제1호).
③ 「국세기본법」 제26조의2 제7항
④ 종합부동산세의 경우 부과제척기간의 기산일은 납세의무가 성립한 날(과세기준일인 6월 1일)이다(국세기본법 제21조 제2항 제10호).
⑤ 납세자가 법정신고기한까지 과세표준신고서를 제출하지 아니한 경우(역외거래 제외)에는 해당 국세를 부과할 수 있는 날부터 7년을 부과제척기간으로 한다(국세기본법 제26조의2 제2항 제1호).

정답 01 ③ 02 ③

03 국세기본법령 및 지방세기본법령상 국세 또는 지방세 징수권의 소멸시효에 관한 설명으로 옳은 것은?

• 35회

① 가산세를 제외한 국세가 10억원인 경우 국세징수권은 5년 동안 행사하지 아니하면 소멸시효가 완성된다.
② 가산세를 제외한 지방세가 1억원인 경우 지방세징수권은 7년 동안 행사하지 아니하면 소멸시효가 완성된다.
③ 가산세를 제외한 지방세가 5천만원인 경우 지방세징수권은 5년 동안 행사하지 아니하면 소멸시효가 완성된다.
④ 납세의무자가 양도소득세를 확정신고하였으나 정부가 경정하는 경우, 국세징수권을 행사할 수 있는 때는 납세의무자가 확정신고한 법정신고납부기한의 다음 날이다.
⑤ 납세의무자가 취득세를 신고하였으나 지방자치단체의 장이 경정하는 경우, 납세고지한 세액에 대한 지방세징수권을 행사할 수 있는 때는 그 납세고지서에 따른 납부기한의 다음 날이다.

키워드 징수권의 소멸시효

해설 ①②③ 가산세를 제외한 국세가 5억원 이상(5억원 미만은 5년), 가산세를 제외한 지방세가 5천만원 이상(5천만원 미만은 5년)인 경우 국세 및 지방세 징수권은 10년 동안 행사하지 아니하면 소멸시효가 완성된다(국세기본법 제27조 제1항, 지방세기본법 제39조 제1항).

④⑤ 국세 및 지방세징수권을 행사할 수 있는 때는 다음의 날로 한다(국세기본법 제27조 제3항, 지방세기본법 제39조 제3항).

> 1. 과세표준과 세액의 신고로 납세의무가 확정되는 국세 및 지방세의 경우: 신고한 세액에 대해서는 그 법정납부기한의 다음 날
> 2. 과세표준과 세액을 정부 및 지방자치단체의 장이 결정 또는 경정하는 경우: 납세고지한 세액에 대해서는 그 납세고지서에 따른 납부기한의 다음 날

04 국세 및 지방세의 연대납세의무에 관한 설명으로 옳은 것은?

• 34회

① 공동주택의 공유물에 관계되는 지방자치단체의 징수금은 공유자가 연대하여 납부할 의무를 진다.
② 공동으로 소유한 자산에 대한 양도소득금액을 계산하는 경우에는 해당 자산을 공동으로 소유하는 공유자가 그 양도소득세를 연대하여 납부할 의무를 진다.
③ 공동사업에 관한 소득금액을 계산하는 경우(주된 공동사업자에게 합산과세되는 경우 제외)에는 해당 공동사업자가 그 종합소득세를 연대하여 납부할 의무를 진다.
④ 상속으로 인하여 단독주택을 상속인이 공동으로 취득하는 경우에는 상속인 각자가 상속받는 취득물건을 취득한 것으로 보고, 공동상속인이 그 취득세를 연대하여 납부할 의무를 진다.
⑤ 어느 연대납세의무자에 대하여 소멸시효가 완성된 때에도 다른 연대납세의무자의 납세의무에는 영향을 미치지 아니한다.

키워드 연대납세의무

해설 ① 공유물(공동주택의 공유물은 제외한다), 공동사업 또는 그 공동사업에 속하는 재산에 관계되는 지방자치단체의 징수금은 공유자 또는 공동사업자가 연대하여 납부할 의무를 진다(지방세기본법 제44조 제1항).
② 공동으로 소유한 자산에 대한 양도소득금액을 계산하는 경우에는 해당 자산을 공동으로 소유하는 각 거주자가 납세의무를 진다(소득세법 제2조의2 제5항).
③ 공동사업에 관한 소득금액을 계산하는 경우에는 해당 공동사업자별로 납세의무를 진다. 다만, 주된 공동사업자에게 합산과세되는 경우 그 합산과세되는 소득금액에 대해서는 주된 공동사업자의 특수관계인은 손익분배비율에 해당하는 그의 소득금액을 한도로 주된 공동사업자와 연대하여 납세의무를 진다(소득세법 제2조의2 제1항).
④ 「지방세법」 제7조 제7항
⑤ 어느 연대채무자에 대하여 소멸시효가 완성한 때에는 그 부담부분에 한하여 다른 연대채무자도 의무를 면한다(지방세기본법 제44조 제5항, 민법 제421조).

정답 03 ⑤ 04 ④

CHAPTER 03 조세와 타 채권과의 관계

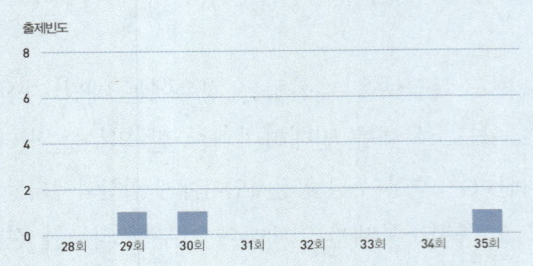

■ 8개년 출제 문항 수
총 16문제 中 평균 약 0.4문제 출제

■ 이 단원을 공략하고 싶다면?
조세채권과 다른 채권과의 우선순위에 대해 정리하자

↳ 기본서 [부동산세법] pp. 55~59

대표기출 | 2024년 제35회 25번 문제 | 난이도 상

국세기본법령 및 지방세기본법령상 조세채권과 일반채권의 우선관계에 관한 설명으로 **틀린** 것은? (단, 납세의무자의 신고는 적법한 것으로 가정함)

① 취득세의 법정기일은 과세표준과 세액을 신고한 경우 그 신고일이다.
② 토지를 양도한 거주자가 양도소득세 과세표준과 세액을 예정신고한 경우 양도소득세의 법정기일은 그 예정신고일이다.
③ 법정기일 전에 전세권이 설정된 사실은 양도소득세의 경우 부동산등기부 등본 또는 공증인의 증명으로 증명한다.
④ 주택의 직전 소유자가 국세의 체납 없이 전세권이 설정된 주택을 양도하였으나, 양도 후 현재 소유자의 소득세가 체납되어 해당 주택의 매각으로 그 매각금액에서 소득세를 강제징수하는 경우 그 소득세는 해당 주택의 전세권담보채권에 우선한다.
⑤ 「주택임대차보호법」 제8조가 적용되는 임대차관계에 있는 주택을 매각하여 그 매각금액에서 지방세를 강제징수하는 경우에는 임대차에 관한 보증금 중 일정액으로서 같은 법에 따라 임차인이 우선하여 변제받을 수 있는 금액에 관한 채권이 지방세에 우선한다.

기출공략 [키워드] 조세우선권

조세우선권에 대해 숙지하여야 합니다.

35회

국세기본법령 및 지방세기본법령상 조세채권과 일반채권의 우선관계에 관한 설명으로 **틀린** 것은? (단, 납세의무자의 신고는 적법한 것으로 가정함) (④)

① 취득세의 법정기일은 과세표준과 세액을 신고한 경우 그 신고일이다. (O)

② 토지를 양도한 거주자가 양도소득세 과세표준과 세액을 예정신고한 경우 양도소득세의 법정기일은 그 예정신고일이다. (O)

③ 법정기일 전에 전세권이 설정된 사실은 양도소득세의 경우 부동산등기부 등본 또는 공증인의 증명으로 증명한다. (O)

④ 주택의 직전 소유자가 국세의 체납 없이 전세권이 설정된 주택을 양도하였으나, 양도 후 현재 소유자의 소득세가 체납되어 해당 주택의 매각으로 그 매각금액에서 소득세를 강제징수하는 경우 그 소득세는 해당 주택의 ~~전세권담보채권에 우선한다~~. (×)

  → 직전 소유자가 체납한 국세는 없었고 현재 소유자가 체납한 소득세의 법정기일 전에 전세권이 설정되었기에 전세권이 우선한다.

⑤ 「주택임대차보호법」 제8조가 적용되는 임대차관계에 있는 주택을 매각하여 그 매각금액에서 지방세를 강제징수하는 경우에는 임대차에 관한 보증금 중 일정액으로서 같은 법에 따라 임차인이 우선하여 변제받을 수 있는 금액에 관한 채권이 지방세에 우선한다. (O)

이론플러스 배당순서

순위	내용
0순위	강제집행비, 체납처분비 등
1순위	소액보증금, 최종 3개월분 임금, 3년간 퇴직금, 재해보상금
2순위(당해세)	상속세 및 증여세, 재산세, 종합부동산세, 소방분 지역자원시설세 이에 부가되는 부가세, 가산세 등
3순위	설정일과 법정기일이 빠른 순

➕ 특히 취득세, 종합소득세는 당해세에 해당하지 아니한다.
➕ 주택보증금의 전세권설정일자 또는 확정일자보다 당해세의 법정기일이 늦은 경우 「주택임대차보호법」 제3조의2 제2항에 따라 대항요건과 확정일자를 갖춘 임차권에 의하여 담보된 보증금반환채권 또는 같은 법 제2조에 따른 주거용 건물에 설정된 전세권에 의하여 담보된 채권(임대차보증금반환채권 등)은 해당 임차권 또는 전세권이 설정된 재산이 체납처분 또는 경매·공매절차를 통하여 매각되어 그 매각금액에서 조세를 징수하는 경우 그 확정일자 또는 설정일보다 법정기일이 늦은 해당 재산에 대하여 부과된 당해세(상속세 및 증여세, 종합부동산세, 재산세 등)의 우선 징수순서에 대신하여 변제될 수 있다. 이 경우 대신 변제되는 금액은 우선 징수할 수 있었던 해당 재산에 대하여 부과된 당해세의 징수액에 한정하며, 임대차보증금반환채권 등보다 우선 변제되는 저당권 등의 변제액과 해당 재산에 대하여 부과된 당해세를 우선 징수하는 경우에 배분받을 수 있었던 임대차보증금반환채권 등의 변제액에는 영향을 미치지 아니한다(국세기본법 제35조 제7항, 지방세기본법 제71조 제6항).

01 ⓢ 국세기본법 및 지방세기본법상 조세채권과 일반채권의 관계에 관한 설명으로 틀린 것은?
• 29회 수정

① 납세담보물 매각 시 압류에 관계되는 조세채권은 담보 있는 조세채권보다 우선한다.
② 재산의 매각대금 배분 시 당해 재산에 부과된 종합부동산세는 당해 재산에 설정된 저당권에 따라 담보된 채권보다 우선한다.
③ 취득세 신고서를 납세지 관할 지방자치단체장에게 제출한 날 전에 저당권설정 등기 사실이 증명되는 재산을 매각하여 그 매각금액에서 취득세를 징수하는 경우, 저당권에 따라 담보된 채권은 취득세에 우선한다.
④ 강제집행으로 부동산을 매각할 때 그 매각금액 중에 국세를 징수하는 경우, 강제집행 비용은 국세에 우선한다.
⑤ 재산의 매각대금 배분 시 당해 재산에 부과된 재산세는 당해 재산에 설정된 저당권에 따라 담보된 채권보다 우선한다.

키워드 조세채권과 일반채권의 관계

해설
- 납세담보가 되어 있는 재산을 매각하였을 때에는 압류에 의한 우선 규정에도 불구하고 해당 지방자치단체에서 다른 지방자치단체의 징수금과 국세에 우선하여 징수한다 (지방세기본법 제74조).
- 납세담보물을 매각하였을 때에는 압류에 의한 우선 규정에도 불구하고 그 국세 및 강제징수비는 매각대금 중에서 다른 국세 및 강제징수비와 지방세에 우선하여 징수한다(국세기본법 제37조).

02 법정기일 전에 저당권의 설정을 등기한 사실이 등기사항증명서(부동산등기부 등본)에 따라 증명되는 재산을 매각하여 그 매각금액에서 국세 또는 지방세를 징수하는 경우, 그 재산에 대하여 부과되는 다음의 국세 또는 지방세 중 저당권에 따라 담보된 채권에 우선하여 징수하는 것은 모두 몇 개인가?

• 30회 수정

- 종합부동산세
- 등록면허세
- 소방분 지역자원시설세
- 취득세에 부가되는 지방교육세
- 부동산임대에 따른 종합소득세

① 1개 ② 2개
③ 3개 ④ 4개
⑤ 5개

키워드 당해세

해설 당해세는 담보된 채권에 우선하여 징수한다. 종합부동산세와 소방분 지역자원시설세는 당해세에 해당한다.

정답 01 ① 02 ②

CHAPTER 04 조세의 불복제도

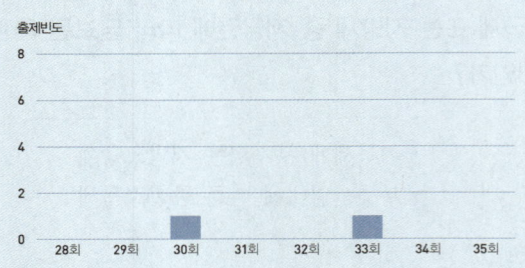

■ 8개년 출제 문항 수
총 16문제 중 평균 약 0.2문제 출제

■ 이 단원을 공략하고 싶다면?
조세 불복절차에 대해 정리하자

↳ 기본서 [부동산세법] pp. 60~67

대표기출 2019년 제30회 A형 26번 문제 수정 | 난이도 **상**

지방세기본법상 이의신청·심판청구에 관한 설명으로 **틀린** 것은?

① 「지방세기본법」에 따른 과태료의 부과처분을 받은 자는 이의신청 또는 심판청구를 할 수 없다.
② 심판청구는 그 처분의 집행에 효력이 미치지 아니하지만 압류한 재산에 대하여는 심판청구의 결정이 있는 날부터 30일까지 그 공매처분을 보류할 수 있다.
③ 지방세에 관한 불복 시 불복청구인은 이의신청을 거친 후에만 심판청구를 하여야 한다.
④ 이의신청인은 신청금액이 2천만원 미만인 경우에는 그의 배우자, 4촌 이내의 혈족 또는 그의 배우자의 4촌 이내의 혈족을 대리인으로 선임할 수 있다.
⑤ 심사청구가 이유 없다고 인정될 때에는 청구를 기각하는 결정을 한다.

기출공략 [키워드] 지방세 불복제도

조세 불복절차에 대해 숙지하여야 합니다.

30회, 33회

지방세기본법상 이의신청·심판청구에 관한 설명으로 **틀린** 것은? (③)

① 「지방세기본법」에 따른 과태료의 부과처분을 받은 자는 이의신청 또는 심판청구를 할 수 없다. (O)

② 심판청구는 그 처분의 집행에 효력이 미치지 아니하지만 압류한 재산에 대하여는 심판청구의 결정이 있는 날부터 30일까지 그 공매처분을 보류할 수 있다. (O)

③ 지방세에 관한 불복 시 불복청구인은 이의신청을 ~~거친 후에만~~ 심판청구를 하여야 한다. (×)

→ 이의신청은 임의절차이므로 이의신청을 거치지 않고 심판청구를 제기할 수 있다(지방세기본법 제91조 제3항).

④ 이의신청인은 신청금액이 2천만원 미만인 경우에는 그의 배우자, 4촌 이내의 혈족 또는 그의 배우자의 4촌 이내의 혈족을 대리인으로 선임할 수 있다. (O)

⑤ 심사청구가 이유 없다고 인정될 때에는 청구를 기각하는 결정을 한다. (O)

이론플러스 불복절차상 유의사항

1. 심사청구, 심판청구는 중복해서 신청하지 못한다. 이의신청은 임의절차이다.
2. 과태료, 통고처분 등은 불복대상이 아니다.
3. 불복절차는 처분집행에 영향을 미치지 아니한다. 단, 이의신청, 심판청구 결정처분이 있는 날부터 30일까지 공매처분 보류가 가능하다(지방세기본법 제99조).
4. 천재지변, 화재 등의 사유 발생 시 사유가 소멸된 날부터 14일까지 청구기한 연장이 가능하다.
5. 대리인: 신청금액이 2천만원 미만(국세 5천만원 미만)인 경우에는 그의 배우자, 4촌 이내의 혈족 또는 그의 배우자의 4촌 이내 혈족을 대리인으로 선임할 수 있다.
6. 각하·기각·인용
   ㉠ 각하: 심리하지 아니한다.
   ㉡ 기각: 청구의 이유가 없다(과세관청 승).
   ㉢ 인용: 청구의 이유가 있다(청구인 승).

01 지방세기본법상 부과 및 징수, 불복에 관한 설명으로 옳은 것은?

• 26회 수정

① 납세자가 법정신고기한까지 소득세의 과세표준신고서를 제출하지 아니하여 해당 지방소득세를 부과할 수 없는 경우에 지방세 부과제척기간은 5년이다.
② 지방세에 관한 불복 시 불복청구인은 이의신청을 거치지 않고 심판청구를 제기할 수 없다.
③ 취득세는 원칙적으로 보통징수방법에 의한다.
④ 납세의무자가 지방세관계법에 의하여 신고에 따른 납부기한까지 지방세를 납부하지 않은 경우 산출세액의 100분의 20을 가산세로 부과한다.
⑤ 지방자치단체 징수금의 징수순위는 체납처분비, 지방세, 가산세의 순서로 한다.

키워드 조세의 부과, 징수 및 불복절차

해설 ① 납세자가 법정신고기한까지 소득세의 과세표준신고서를 제출하지 아니하여 해당 지방소득세를 부과할 수 없는 경우에 지방세 부과제척기간은 7년이다(지방세기본법 제38조 제1항 제2호).
② 이의신청은 임의절차이므로 이의신청을 거치지 않고 심판청구를 제기할 수 있다(지방세기본법 제91조 제3항).
③ 취득세는 원칙적으로 신고납부방법에 의한다(지방세법 제18조).
④ 납세의무자가 지방세관계법에 따른 납부기한까지 지방세를 납부하지 아니한 경우에는 다음의 계산식에 따라 산출한 금액을 합한 금액을 가산세로 부과한다(지방세기본법 제55조 제1항).

> 납부하지 아니한 세액 또는 과소납부분 세액(지방세관계법에 따라 가산하여 납부하여야 할 이자 상당 가산액이 있는 경우 그 금액을 더한다) × 납부기한의 다음 날부터 자진납부일 또는 부과결정일까지의 기간 × 금융회사 등이 연체대출금에 대하여 적용하는 이자율 등을 고려하여 대통령령으로 정하는 이자율(현행 1일 10만분의 22)

02 지방세기본법상 이의신청과 심판청구에 관한 설명으로 옳은 것을 모두 고른 것은?

• 33회 수정

㉠ 통고처분은 이의신청 또는 심판청구의 대상이 되는 처분에 포함된다.
㉡ 이의신청인은 신청금액이 8백만원인 경우에는 그의 배우자를 대리인으로 선임할 수 있다.
㉢ 보정기간은 결정기간에 포함하지 아니한다.
㉣ 이의신청을 거치지 아니하고 바로 심판청구를 할 수는 없다.

① ㉠
② ㉡
③ ㉠, ㉣
④ ㉡, ㉢
⑤ ㉢, ㉣

키워드 조세의 불복절차

해설 ㉠ 통고처분은 이의신청 또는 심판청구의 대상이 되는 처분에 포함되지 아니한다(지방세기본법 제89조 제2항 제2호).
㉡ 이의신청인은 신청금액이 2천만원 미만인 경우에는 그의 배우자, 4촌 이내의 혈족 또는 그의 배우자의 4촌 이내 혈족을 대리인으로 선임할 수 있다(지방세기본법 제93조 제2항).
㉢ 보정기간은 결정기간에 포함하지 아니한다(지방세기본법 제95조 제3항).
㉣ 이의신청을 거치지 아니하고 바로 심판청구를 할 수 있다(지방세기본법 제91조 제3항).

정답 01 ⑤ 02 ④

PART 2 지방세

3회독 체크

CHAPTER 01	취득세	☐☐☐
CHAPTER 02	등록에 대한 등록면허세	☐☐☐
CHAPTER 03	재산세	☐☐☐

각 단원의 회독 수를 체크해보세요.

42%
(약 6.8문제)

PART 2 최근 8개년 출제비중

제35회 출제경향

제35회 시험에서는 등록면허세가 출제되지 않았습니다. 전체적인 난이도는 평이했으며 지엽적인 내용보다는 전반적인 흐름에 중점을 두어 학습할 필요가 있습니다.

8개년 회차별 출제빈도 분석표

회차	28회	29회	30회	31회	32회	33회	34회	35회	비중(%)
CHAPTER 01	3	3	3	1.5	3	2	2	3	38
CHAPTER 02	2	2	1	2.5	1	1	2		21
CHAPTER 03	3	2.5	3	3	2.5	2	2	3	39
[기타] 지방소득세									0
[기타] 지역자원시설세				1					2

* 복합문제이거나, 법률이 개정 및 제정된 경우 분류 기준에 따라 위 수치와 달라질 수 있습니다.

CHAPTER 01 취득세

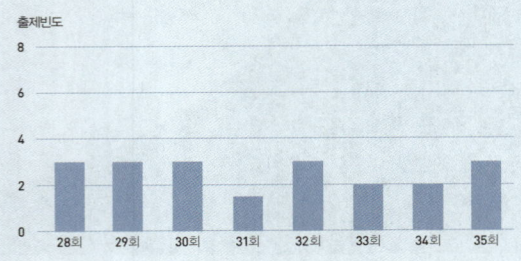

■ 8개년 출제 문항 수
총 16문제 中 평균 약 2.6문제 출제

■ 이 단원을 공략하고 싶다면?
납세의무자, 취득시기, 과세표준, 세율, 비과세, 납세절차에 대해 정리하자

↳ 기본서 [부동산세법] pp. 76~130

대표기출 | 2016년 제27회 A형 26번 문제 수정 | 난이도 상

지방세법상 사실상의 취득가격 또는 연부금액을 취득세의 과세표준으로 하는 경우 취득가격 또는 연부금액에 포함되지 <u>않는</u> 것은? (단, 특수관계인과의 거래가 아니며, 비용 등은 취득시기 이전에 지급되었음)

① 「전기사업법」에 따라 전기를 사용하는 자가 분담하는 비용
② 법인이 건설자금에 충당한 차입금의 이자
③ 법인이 연부로 취득하는 경우 연부계약에 따른 이자상당액
④ 취득에 필요한 용역을 제공받은 대가로 지급하는 용역비
⑤ 취득대금 외에 당사자의 약정에 따른 취득자 조건 부담액

기출공략 [키워드] 취득세 과세표준

> 사실상 취득가격에 포함되는 항목에 대해 알아두어야 합니다.
>
> 27회, 29회, 35회

지방세법상 사실상의 취득가격 또는 연부금액을 취득세의 과세표준으로 하는 경우 취득가격 또는 연부금액에 포함되지 <u>않는</u> 것은? (단, 특수관계인과의 거래가 아니며, 비용 등은 취득시기 이전에 지급되었음) (①)

① 「전기사업법」에 따라 전기를 사용하는 자가 분담하는 비용 (×)
　→ 「전기사업법」에 따라 전기를 사용하는 자가 분담하는 비용은 사실상 취득가격 또는 연부금액을 과세표준으로 하는 경우 과세표준에 포함되지 아니한다.
② 법인이 건설자금에 충당한 차입금의 이자 (○)

③ 법인이 연부로 취득하는 경우 연부계약에 따른 이자상당액(○)

④ 취득에 필요한 용역을 제공받은 대가로 지급하는 용역비(○)

⑤ 취득대금 외에 당사자의 약정에 따른 취득자 조건 부담액(○)

> **이론플러스** 사실상 취득가격(지방세법 시행령 제18조)

포함되는 항목	포함되지 않는 항목
㉠ 건설자금에 충당한 차입금의 이자 또는 이와 유사한 금융비용. 다만, 법인이 아닌 자가 취득하는 경우는 제외한다. ㉡ 할부 또는 연부(年賦) 계약에 따른 이자 상당액 및 연체료. 다만, 법인이 아닌 자가 취득하는 경우는 제외한다. ㉢ 「농지법」에 따른 농지보전부담금, 「문화예술진흥법」 제9조 제3항에 따른 미술작품의 설치 또는 문화예술진흥기금에 출연하는 금액, 「산지관리법」에 따른 대체산림자원조성비 등 관계 법령에 따라 의무적으로 부담하는 비용 ㉣ 취득에 필요한 용역을 제공받은 대가로 지급하는 용역비·수수료(건축 및 토지조성공사로 수탁자가 취득하는 경우 위탁자가 수탁자에게 지급하는 신탁수수료를 포함한다) ㉤ 취득대금 외에 당사자의 약정에 따른 취득자 조건 부담액과 채무인수액 ㉥ 부동산을 취득하는 경우 「주택도시기금법」 제8조에 따라 매입한 국민주택채권을 해당 부동산의 취득 이전에 양도함으로써 발생하는 매각차손. 이 경우 행정안전부령으로 정하는 금융회사등(이하 '금융회사등'이라 한다) 외의 자에게 양도한 경우에는 동일한 날에 금융회사등에 양도하였을 경우 발생하는 매각차손을 한도로 한다. ㉦ 「공인중개사법」에 따른 공인중개사에게 지급한 중개보수. 다만, 법인이 아닌 자가 취득하는 경우는 제외한다. ㉧ 붙박이 가구·가전제품 등 건축물에 부착되거나 일체를 이루면서 건축물의 효용을 유지 또는 증대시키기 위한 설비·시설 등의 설치비용 ㉨ 정원 또는 부속시설물 등을 조성·설치하는 비용 ㉩ 위 ㉠부터 ㉨까지의 비용에 준하는 비용	㉠ 취득하는 물건의 판매를 위한 광고선전비 등의 판매비용과 그와 관련한 부대비용 ㉡ 「전기사업법」, 「도시가스사업법」, 「집단에너지사업법」, 그 밖의 법률에 따라 전기·가스·열 등을 이용하는 자가 분담하는 비용 ㉢ 이주비, 지장물 보상금 등 취득물건과는 별개의 권리에 관한 보상 성격으로 지급되는 비용 ㉣ 부가가치세 ㉤ 위 ㉠부터 ㉣까지의 비용에 준하는 비용

제1절 취득세 과세대상 및 납세의무자

01 지방세법령상 취득세에 관한 설명으로 틀린 것은? • 34회

① 건축물 중 조작 설비에 속하는 부분으로서 그 주체구조부와 하나가 되어 건축물로서의 효용가치를 이루고 있는 것에 대하여는 주체구조부 취득자 외의 자가 가설한 경우에도 주체구조부의 취득자가 함께 취득한 것으로 본다.
② 「도시개발법」에 따른 환지방식에 의한 도시개발사업의 시행으로 토지의 지목이 사실상 변경됨으로써 그 가액이 증가한 경우에는 그 환지계획에 따라 공급되는 환지는 사업시행자가, 체비지 또는 보류지는 조합원이 각각 취득한 것으로 본다.
③ 경매를 통하여 배우자의 부동산을 취득하는 경우에는 유상으로 취득한 것으로 본다.
④ 형제자매인 증여자의 채무를 인수하는 부동산의 부담부증여의 경우에는 그 채무액에 상당하는 부분은 부동산을 유상으로 취득하는 것으로 본다.
⑤ 부동산의 승계취득은 「민법」 등 관계 법령에 따른 등기를 하지 아니한 경우라도 사실상 취득하면 취득한 것으로 보고 그 부동산의 양수인을 취득자로 한다.

키워드 취득세 납세의무

해설 선박, 차량과 기계장비의 종류를 변경하거나 토지의 지목을 사실상 변경함으로써 그 가액이 증가한 경우에는 취득으로 본다. 이 경우 「도시개발법」에 따른 도시개발사업(환지방식만 해당한다)의 시행으로 토지의 지목이 사실상 변경된 때에는 그 환지계획에 따라 공급되는 환지는 조합원이, 체비지 또는 보류지는 사업시행자가 각각 취득한 것으로 본다(지방세법 제7조 제4항).

02 지방세법상 취득세의 납세의무에 관한 설명으로 틀린 것은? •27회

① 부동산의 취득은 「민법」 등 관계 법령에 따른 등기를 하지 아니한 경우라도 사실상 취득하면 취득한 것으로 본다.
② 「주택법」에 따른 주택조합이 해당 조합원용으로 취득하는 조합주택용 부동산(조합원에게 귀속되지 아니하는 부동산은 제외)은 그 조합원이 취득한 것으로 본다.
③ 직계비속이 직계존속의 부동산을 매매로 취득하는 때에 해당 직계비속의 다른 재산으로 그 대가를 지급한 사실이 입증되는 경우 유상으로 취득한 것으로 본다.
④ 직계비속이 권리의 이전에 등기가 필요한 직계존속의 부동산을 서로 교환한 경우 무상으로 취득한 것으로 본다.
⑤ 직계비속이 공매를 통하여 직계존속의 부동산을 취득하는 경우 유상으로 취득한 것으로 본다.

키워드 취득세 납세의무

해설 배우자 또는 직계존비속의 부동산등을 취득하는 경우에는 증여로 취득한 것으로 본다. 다만, 다음의 어느 하나에 해당하는 경우에는 유상으로 취득한 것으로 본다(지방세법 제7조 제11항).

> 1. 공매(경매를 포함)를 통하여 부동산등을 취득한 경우
> 2. 파산선고로 인하여 처분되는 부동산등을 취득한 경우
> 3. 권리의 이전이나 행사에 등기 또는 등록이 필요한 부동산등을 서로 교환한 경우
> 4. 해당 부동산등의 취득을 위하여 그 대가를 지급한 사실이 다음의 어느 하나에 의하여 증명되는 경우
>   ㉠ 그 대가를 지급하기 위한 취득자의 소득이 증명되는 경우
>   ㉡ 소유재산을 처분 또는 담보한 금액으로 해당 부동산을 취득한 경우
>   ㉢ 이미 상속세 또는 증여세를 과세(비과세 또는 감면받은 경우를 포함)받았거나 신고한 경우로서 그 상속 또는 수증 재산의 가액으로 그 대가를 지급한 경우
>   ㉣ 위 ㉠부터 ㉢까지에 준하는 것으로서 취득자의 재산으로 그 대가를 지급한 사실이 입증되는 경우

정답 01 ② 02 ④

03 지방세법상 취득세 납세의무에 관한 설명으로 옳은 것은? •32회 수정

① 토지의 지목을 사실상 변경함으로써 그 가액이 증가한 경우에는 취득으로 보지 아니한다.
② 상속회복청구의 소에 의한 법원의 확정판결에 의하여 특정 상속인이 당초 상속분을 초과하여 취득하게 되는 재산가액은 상속분이 감소한 상속인으로부터 증여받아 취득한 것으로 본다.
③ 권리의 이전이나 행사에 등기 또는 등록이 필요한 부동산을 직계존속과 서로 교환한 경우에는 무상으로 취득한 것으로 본다.
④ 증여로 인한 승계취득의 경우 해당 취득물건을 등기·등록하더라도 취득일이 속하는 달의 말일부터 3개월 이내에 공증받은 공정증서에 의하여 계약이 해제된 사실이 입증되는 경우에는 취득한 것으로 보지 아니한다.
⑤ 증여자가 배우자 또는 직계존비속이 아닌 경우 증여자의 채무를 인수하는 부담부증여의 경우에는 그 채무액에 상당하는 부분은 부동산등을 유상으로 취득하는 것으로 본다.

키워드 취득세 납세의무

해설
① 토지의 지목을 사실상 변경함으로써 그 가액이 증가한 경우에는 취득으로 본다(지방세법 제7조 제4항).
② 상속회복청구의 소에 의한 법원의 확정판결에 의하여 특정 상속인이 당초 상속분을 초과하여 취득하게 되는 재산가액은 상속분이 감소한 상속인으로부터 증여받아 취득한 것으로 보지 아니한다(지방세법 제7조 제13항 제2호).
③ 권리의 이전이나 행사에 등기 또는 등록이 필요한 부동산을 직계존속과 서로 교환한 경우에는 유상으로 취득한 것으로 본다(지방세법 제7조 제11항 제3호).
④ 증여로 인한 승계취득의 경우 해당 취득물건을 등기·등록하지 아니하고 취득일이 속하는 달의 말일부터 3개월 이내에 공증받은 공정증서에 의하여 계약이 해제된 사실이 입증되는 경우에는 취득한 것으로 보지 아니한다(지방세법 시행령 제20조 제1항 제2호).

04 지방세법상 과점주주의 간주취득세가 과세되는 경우가 아닌 것은 모두 몇 개인가? (단, 주식발행법인은 자본시장과 금융투자업에 관한 법률 시행령 제176조의9 제1항에 따른 유가증권시장에 상장한 법인이 아니며, 지방세특례제한법은 고려하지 않음) • 29회

> ㉠ 법인설립 시에 발행하는 주식을 취득함으로써 과점주주가 된 경우
> ㉡ 과점주주가 아닌 주주가 다른 주주로부터 주식을 취득함으로써 최초로 과점주주가 된 경우
> ㉢ 이미 과점주주가 된 주주가 해당 법인의 주식을 취득하여 해당 법인의 주식의 총액에 대한 과점주주가 가진 주식의 비율이 증가된 경우
> ㉣ 과점주주 집단 내부에서 주식이 이전되었으나 과점주주 집단이 소유한 총주식의 비율에 변동이 없는 경우

① 0개 ② 1개
③ 2개 ④ 3개
⑤ 4개

키워드 과점주주의 주식취득에 대한 간주취득세

해설 법인설립 시에 발행하는 주식을 취득함으로써 과점주주가 된 경우 및 과점주주 집단 내부에서 주식이 이전되었으나 과점주주 집단이 소유한 총주식의 비율에 변동이 없는 경우는 납세의무가 없다(지방세법 제7조 제5항, 지방세법 시행령 제11조).

정답 03 ⑤ 04 ③

제2절 취득의 시기

05 지방세법상 취득의 시기 등에 관한 설명으로 틀린 것은? • 28회 수정

① 연부로 취득하는 것(취득가액의 총액이 50만원 이하인 것은 제외)은 그 사실상의 연부금 지급일을 취득일로 본다. 단, 취득일 전에 등기 또는 등록한 경우에는 그 등기일 또는 등록일에 취득한 것으로 본다.

② 관계 법령에 따라 매립·간척 등으로 토지를 원시취득하는 경우로서 공사준공인가일 전에 사실상 사용하는 경우에는 그 사실상 사용일을 취득일로 본다.

③ 「주택법」 제11조에 따른 주택조합이 주택건설사업을 하면서 조합원으로부터 취득하는 토지 중 조합원에게 귀속되지 아니하는 토지를 취득하는 경우에는 「주택법」 제49조에 따른 사용검사를 받은 날에 그 토지를 취득한 것으로 본다.

④ 「도시 및 주거환경정비법」 제35조 제3항에 따른 재건축조합이 재건축사업을 하면서 조합원으로부터 취득하는 토지 중 조합원에게 귀속되지 아니하는 토지를 취득하는 경우에는 「도시 및 주거환경정비법」 제86조 제2항에 따른 소유권이전 고시일에 그 토지를 취득한 것으로 본다.

⑤ 토지의 지목변경에 따른 취득은 토지의 지목이 사실상 변경된 날과 공부상 변경된 날 중 빠른 날을 취득일로 본다. 다만, 토지의 지목변경일 이전에 사용하는 부분에 대해서는 그 사실상의 사용일을 취득일로 본다.

키워드 취득의 시기

해설 「주택법」 제11조에 따른 주택조합이 주택건설사업을 하면서 조합원으로부터 취득하는 토지 중 조합원에게 귀속되지 아니하는 토지를 취득하는 경우에는 「주택법」 제49조에 따른 사용검사를 받은 날에 그 토지를 취득한 것으로 보고, 「도시 및 주거환경정비법」 제35조 제3항에 따른 재건축조합이 재건축사업을 하거나 「빈집 및 소규모주택 정비에 관한 특례법」 제23조 제2항에 따른 소규모재건축조합이 소규모재건축사업을 하면서 조합원으로부터 취득하는 토지 중 조합원에게 귀속되지 아니하는 토지를 취득하는 경우에는 「도시 및 주거환경정비법」 제86조 제2항 또는 「빈집 및 소규모주택 정비에 관한 특례법」 제40조 제2항에 따른 소유권이전 고시일의 다음 날에 그 토지를 취득한 것으로 본다(지방세법 시행령 제20조 제7항).

06 지방세법상 취득의 시기에 관한 설명으로 틀린 것은?

• 30회 수정

① 상속으로 인한 취득의 경우: 상속개시일
② 유상승계취득의 경우: 사실상 잔금일을 원칙으로 하되 사실상의 잔금지급일을 확인할 수 없는 경우에는 그 계약상의 잔금지급일
③ 건축물(주택 아님)을 건축하여 취득하는 경우로서 사용승인서를 내주기 전에 임시사용승인을 받은 경우: 그 임시사용승인일과 사실상의 사용일 중 빠른 날
④ 「민법」 제839조의2에 따른 재산분할로 인한 취득의 경우: 취득물건의 등기일 또는 등록일
⑤ 관계 법령에 따라 매립으로 토지를 원시취득하는 경우: 취득물건의 등기일

키워드 취득의 시기

해설 관계 법령에 따라 매립·간척 등으로 토지를 원시취득하는 경우에는 공사준공인가일을 취득일로 본다. 다만, 공사준공인가일 전에 사용승낙·허가를 받거나 사실상 사용하는 경우에는 사용승낙·허가일 또는 사실상 사용일 중 빠른 날을 취득일로 본다(지방세법 시행령 제20조 제8항).

정답 05 ④ 06 ⑤

07 지방세기본법령 및 지방세법령상 취득세 납세의무의 성립에 관한 설명으로 틀린 것은?

• 34회 수정

① 상속으로 인한 취득의 경우에는 상속개시일이 납세의무의 성립시기이다.
② 부동산의 증여계약으로 인한 취득에 있어서 소유권이전등기를 하지 않고 취득일부터 취득일이 속하는 달의 말일부터 3개월 이내에 공증받은 공정증서로 계약이 해제된 사실이 입증되는 경우에는 취득한 것으로 보지 않는다.
③ 유상승계취득의 경우 사실상의 잔금지급일을 확인할 수 있는 때에는 사실상의 잔금지급일과 등기일 또는 등록일 중 빠른 날이 납세의무의 성립시기이다.
④ 「민법」에 따른 이혼 시 재산분할로 인한 부동산 취득의 경우에는 취득물건의 등기일이 납세의무의 성립시기이다.
⑤ 「도시 및 주거환경정비법」에 따른 재건축조합이 재건축사업을 하면서 조합원으로부터 취득하는 토지 중 조합원에게 귀속되지 아니하는 토지를 취득하는 경우에는 같은 법에 따른 준공인가 고시일의 다음 날이 납세의무의 성립시기이다.

키워드 취득시기

해설 취득세 납세의무의 성립시기는 과세물건을 취득하는 때이다(지방세기본법 제34조 제1항 제1호). 「도시 및 주거환경정비법」에 따른 재건축조합이 재건축사업을 하거나 「빈집 및 소규모주택 정비에 관한 특례법」에 따른 소규모재건축조합이 소규모재건축사업을 하면서 조합원으로부터 취득하는 토지 중 조합원에게 귀속되지 아니하는 토지를 취득하는 경우에는 「도시 및 주거환경정비법」 또는 「빈집 및 소규모주택 정비에 관한 특례법」에 따른 소유권이전 고시일의 다음 날에 그 토지를 취득한 것으로 본다(지방세법 시행령 제20조 제7항).

제3절 취득세 과세표준과 세율

08 甲은 특수관계 없는 乙로부터 다음과 같은 내용으로 주택을 취득하였다. 취득세 과세표준 금액으로 옳은 것은?
• 29회 수정

• 아래의 계약내용은 「부동산 거래신고 등에 관한 법률」 제3조에 따른 신고서를 제출하여 같은 법 제5조에 따라 검증이 이루어짐	
• 계약내용	
– 총매매대금	500,000,000원
2025년 7월 2일 계약금	50,000,000원
2025년 8월 2일 중도금	150,000,000원
2025년 9월 3일 잔금	300,000,000원
• 甲이 주택 취득과 관련하여 지출한 비용	
– 총매매대금 외에 당사자약정에 의하여 乙의 은행채무를 甲이 대신 변제한 금액	10,000,000원
– 법령에 따라 매입한 국민주택채권을 해당 주택의 취득 이전에 금융회사에 양도함으로써 발생하는 매각차손(잔금지급일보다 등기가 먼저 진행된 것이다)	1,000,000원

① 500,000,000원
② 501,000,000원
③ 509,000,000원
④ 510,000,000원
⑤ 511,000,000원

키워드 취득세 과세표준

해설 취득가액 5억원 + 채무인수액 1천만원 + 국민주택채권매각차손 1백만원
= 511,000,000원

정답 07 ⑤ 08 ⑤

09 지방세법령상 취득세의 취득당시가액에 관한 설명으로 옳은 것은? (단, 주어진 조건 외에는 고려하지 않음)
• 35회

① 건축물을 교환으로 취득하는 경우에는 교환으로 이전받는 건축물의 시가표준액과 이전하는 건축물의 시가표준액 중 낮은 가액을 취득당시가액으로 한다.
② 상속에 따른 건축물 무상취득의 경우에는 「지방세법」 제4조에 따른 시가표준액을 취득당시가액으로 한다.
③ 대물변제에 따른 건축물 취득의 경우에는 대물변제액(대물변제액 외의 추가로 지급한 금액이 있는 경우에는 그 금액을 제외한다)을 취득당시가액으로 한다.
④ 법인이 아닌 자가 건축물을 건축하여 취득하는 경우로서 사실상 취득가격을 확인할 수 없는 경우에는 시가인정액을 취득당시가액으로 한다.
⑤ 법인이 아닌 자가 건축물을 매매로 승계취득하는 경우에는 그 건축물을 취득하기 위하여 「공인중개사법」에 따른 공인중개사에게 지급한 중개보수를 취득당시가액에 포함한다.

키워드 취득세 과세표준

해설 ① 교환 시 취득당시가액은 교환을 원인으로 이전받는 부동산등의 시가인정액과 이전하는 부동산등의 시가인정액(상대방에게 추가로 지급하는 금액과 상대방으로부터 승계받는 채무액이 있는 경우 그 금액을 더하고, 상대방으로부터 추가로 지급받는 금액과 상대방에게 승계하는 채무액이 있는 경우 그 금액을 차감한다) 중 높은 가액으로 한다(지방세법 시행령 제18조의4 제1항 제1호 나목).
② 상속에 따른 건축물 무상취득의 경우에는 「지방세법」 제4조에 따른 시가표준액을 취득당시가액으로 한다 (지방세법 제10조의2 제2항 제1호).
③ 대물변제 시 취득당시가액은 대물변제액(대물변제액 외에 추가로 지급한 금액이 있는 경우에는 그 금액을 포함한다)을 취득당시가액으로 한다. 다만, 대물변제액이 시가인정액보다 적은 경우 취득당시가액은 시가인정액으로 한다(지방세법 시행령 제18조의4 제1항 제1호 가목).
④ 법인이 아닌 자가 건축물을 건축하여 취득하는 경우로서 사실상 취득가격을 확인할 수 없는 경우에는 시가표준액을 취득당시가액으로 한다(지방세법 제10조의4 제2항).
⑤ 법인이 아닌 자가 건축물을 매매로 승계취득하는 경우에는 그 건축물을 취득하기 위하여 「공인중개사법」에 따른 공인중개사에게 지급한 중개보수를 취득당시가액에 포함하지 아니한다(지방세법 시행령 제18조 제1항).

10 지방세법령상 부동산 취득에 대한 취득세의 표준세율로 옳은 것을 모두 고른 것은? (단, 조례에 의한 세율조정, 지방세관계법령상 특례 및 감면은 고려하지 않음) • 35회

> ㄱ. 상속으로 인한 농지의 취득: 1천분의 23
> ㄴ. 법인의 합병으로 인한 농지 외의 토지 취득: 1천분의 40
> ㄷ. 공유물의 분할로 인한 취득: 1천분의 17
> ㄹ. 매매로 인한 농지 외의 토지 취득: 1천분의 19

① ㄱ, ㄴ
② ㄴ, ㄷ
③ ㄷ, ㄹ
④ ㄱ, ㄴ, ㄷ
⑤ ㄴ, ㄷ, ㄹ

키워드 취득세 세율

해설 ㄷ. 공유물의 분할로 인한 취득: 1천분의 23(지방세법 제11조 제1항 제5호)
ㄹ. 매매로 인한 농지 외의 토지 취득: 1천분의 40(지방세법 제11조 제1항 제7호 나목)

정답 09 ② 10 ①

11 지방세법상 취득세의 표준세율이 가장 높은 것은?

• 30회 수정

① 상속으로 건물(주택 아님)을 취득한 경우
② 「사회복지사업법」에 따라 설립된 사회복지법인이 독지가의 기부에 의하여 건물을 취득한 경우
③ 영리법인이 공유수면을 매립하여 농지를 취득한 경우
④ 개인이 유상거래를 원인으로 「지방세법」 제10조에 따른 취득 당시의 가액이 6억원인 주택(주택법에 의한 주택으로서 등기부에 주택으로 기재된 주거용 건축물과 그 부속토지)을 취득한 경우. 단, 1세대 1주택에 속한다.
⑤ 유상거래를 원인으로 농지를 취득한 경우

키워드 취득세 표준세율

해설 ① 상속으로 건물(주택 아님)을 취득한 경우: 1천분의 28
② 「사회복지사업법」에 따라 설립된 사회복지법인이 독지가의 기부에 의하여 건물을 취득한 경우: 1천분의 28
③ 영리법인이 공유수면을 매립하여 농지를 취득한 경우: 1천분의 28
④ 개인이 유상거래를 원인으로 「지방세법」 제10조에 따른 취득 당시의 가액이 6억원인 주택(주택법에 의한 주택으로서 등기부에 주택으로 기재된 주거용 건축물과 그 부속토지)을 취득한 경우. 단, 1세대 1주택에 속한다.: 1천분의 10
⑤ 유상거래를 원인으로 농지를 취득한 경우: 1천분의 30

이론플러스 주택의 유상승계취득 시 취득세율

구분		어느 지역의 주택을 취득하였는가	
		조정대상지역	비조정대상지역
법인이 주택을 취득하는 경우		1천분의 120(12%)	
개인이 주택을 취득하는 경우	1주택(무주택자가 첫 번째 주택을 취득)	1천분의 10~1천분의 30(1~3%)	
	2주택 (1주택자가 두 번째 주택을 취득)	1천분의 80(일시적 2주택은 1천분의 10~1천분의 30)	1천분의 10~ 1천분의 30(1~3%)
	3주택(2주택자가 세 번째 주택을 취득)	1천분의 120(12%)	1천분의 80(8%)
	4주택 이상 (3주택자가 네 번째 주택을 취득 등)	1천분의 120(12%)	

12 지방세법상 취득세액을 계산할 때 중과기준세율(1천분의 20)만을 적용하는 경우를 모두 고른 것은? (단, 취득세 중과물건이 아님) • 24회

㉠ 개수로 인하여 건축물 면적이 증가하는 경우 그 증가된 부분
㉡ 토지의 지목을 사실상 변경함으로써 그 가액이 증가한 경우
㉢ 법인설립 후 유상 증자 시에 주식을 취득하여 최초로 과점주주가 된 경우
㉣ 상속으로 농지를 취득한 경우

① ㉠, ㉡ ② ㉠, ㉣ ③ ㉡, ㉢
④ ㉠, ㉢, ㉣ ⑤ ㉡, ㉢, ㉣

키워드 중과기준세율 적용대상

해설 ㉠ 개수로 인하여 건축물 면적이 증가하는 경우 그 증가된 부분: 원시취득세율인 1천분의 28
㉣ 상속으로 농지를 취득한 경우: 1천분의 23(표준세율)

13 지방세법상 취득세 표준세율에서 중과기준세율을 뺀 세율로 산출한 금액을 그 세액으로 하는 것으로만 모두 묶은 것은? (단, 취득물건은 지방세법 제11조 제1항 제8호에 따른 주택 외의 부동산이며 취득세 중과대상이 아님) • 28회

㉠ 환매등기를 병행하는 부동산의 매매로서 환매기간 내에 매도자가 환매한 경우의 그 매도자와 매수자의 취득
㉡ 존속기간이 1년을 초과하는 임시건축물의 취득
㉢ 「민법」 제839조의2에 따라 이혼 시 재산분할로 인한 취득
㉣ 등기부등본상 본인 지분을 초과하지 않는 공유물의 분할로 인한 취득

① ㉠, ㉡ ② ㉡, ㉣ ③ ㉢, ㉣
④ ㉠, ㉡, ㉢ ⑤ ㉠, ㉢, ㉣

키워드 특례세율

해설 ㉡ 임시건축물은 존속기간이 1년 이하의 경우 비과세(사치성 재산 제외)하지만 존속기간이 1년을 초과하는 임시건축물의 취득에 대해서는 중과기준세율(1천분의 20)을 적용한다(지방세법 시행령 제30조 제2항 제3호).

정답 11 ⑤ 12 ③ 13 ⑤

14

지방세법상 아래의 부동산 등을 신(증)축하는 경우 취득세가 중과되는 것을 모두 고른 것은? (단, 지방세법상 중과요건을 충족하는 것으로 가정함) • 23회

> ㉠ 병원의 병실
> ㉡ 골프장
> ㉢ 고급주택
> ㉣ 과밀억제권역 안 법인 본점의 사무소 전용 주차타워
> ㉤ 백화점의 영업장

① ㉠, ㉡, ㉢
② ㉠, ㉣, ㉤
③ ㉡, ㉢, ㉣
④ ㉡, ㉢, ㉤
⑤ ㉢, ㉣, ㉤

키워드 취득세 중과

해설 병원과 백화점은 중과제외업종에 해당된다(지방세법 시행령 제26조 제1항 제6호·제9호).

15

지방세법상 취득세 표준세율에 중과기준세율 1천분의 20의 100분의 400을 가산한 세율이 적용되는 취득세 과세대상은 모두 몇 개인가? (다만, 지방세법상 중과세율의 적용요건을 모두 충족하는 것으로 가정함) • 21회 수정

> • 고급선박
> • 골프장
> • 고급주택
> • 고급오락장
> • 과밀억제권역 안에서 법인 본점으로 사용하는 사업용 부동산

① 1개
② 2개
③ 3개
④ 4개
⑤ 5개

키워드 중과기준세율 적용대상

해설 과밀억제권역 안에서 법인 본점으로 사용하는 사업용 부동산은 표준세율에 중과기준세율 1천분의 20의 100분의 200을 가산한 세율이 적용되는 대상이다.

제4절 취득세 비과세

16 지방세법상 신탁(신탁법에 따른 신탁으로서 신탁등기가 병행되는 것임)으로 인한 신탁재산의 취득으로서 취득세를 부과하는 경우는 모두 몇 개인가? • 29회

> ㉠ 위탁자로부터 수탁자에게 신탁재산을 이전하는 경우
> ㉡ 신탁의 종료로 인하여 수탁자로부터 위탁자에게 신탁재산을 이전하는 경우
> ㉢ 수탁자가 변경되어 신수탁자에게 신탁재산을 이전하는 경우
> ㉣ 「주택법」에 따른 주택조합이 비조합원용 부동산을 취득하는 경우

① 0개
② 1개
③ 2개
④ 3개
⑤ 4개

키워드 신탁으로 인한 취득 시 비과세

해설 신탁(신탁법에 따른 신탁으로서 신탁등기가 병행되는 것만 해당함)으로 인한 신탁재산의 취득으로서 다음의 어느 하나에 해당하는 경우에는 취득세를 부과하지 아니한다. 다만, 신탁재산의 취득 중 주택조합 등과 조합원 간의 부동산 취득 및 주택조합 등의 비조합원용 부동산 취득은 제외한다(지방세법 제9조 제3항).

> 1. 위탁자로부터 수탁자에게 신탁재산을 이전하는 경우
> 2. 신탁의 종료로 인하여 수탁자로부터 위탁자에게 신탁재산을 이전하는 경우
> 3. 수탁자가 변경되어 신수탁자에게 신탁재산을 이전하는 경우

정답 14 ③ 15 ④ 16 ②

17 지방세법상 취득세가 부과되지 <u>않는</u> 것은? • 30회

① 「주택법」에 따른 공동주택의 개수(건축법에 따른 대수선 제외)로 인한 취득 중 개수로 인한 취득 당시 주택의 시가표준액이 9억원 이하인 경우
② 형제 간에 부동산을 상호교환한 경우
③ 직계존속으로부터 거주하는 주택을 증여받은 경우
④ 파산선고로 인하여 처분되는 부동산을 취득한 경우
⑤ 「주택법」에 따른 주택조합이 해당 조합원용으로 조합주택용 부동산을 취득한 경우

키워드 취득세 비과세

해설 ② 형제 간에 부동산을 상호교환한 경우: 유상승계취득에 해당한다.
③ 직계존속으로부터 거주하는 주택을 증여받은 경우: 무상승계취득에 해당한다.
④ 파산선고로 인하여 처분되는 부동산을 취득한 경우: 취득세 과세대상에 해당된다.
⑤ 「주택법」에 따른 주택조합이 해당 조합원용으로 조합주택용 부동산을 취득한 경우: 취득세 과세대상에 속하며 조합원이 납세의무를 진다.

18 지방세법상 취득세의 비과세 등에 관한 다음의 설명 중 <u>틀린</u> 것은? • 23회 수정

① 「사회기반시설에 관한 민간투자법」상 사회기반시설에 대하여는 기부채납을 조건으로 취득한 경우 취득세를 부과하지 아니한다.
② 국가, 지방자치단체 또는 지방자치단체조합에 귀속 또는 기부채납을 조건으로 취득하는 부동산에 대해서는 취득세를 부과하지 아니한다.
③ 「주택법」에 따른 공동주택의 개수(대수선은 제외)로 인한 취득 중 개수로 인한 취득 당시 주택의 시가표준액이 9억원 이하인 주택과 관련된 개수로 인한 취득에 대하여는 취득세를 부과하지 않는다.
④ 임시흥행장, 공사현장사무소 등 임시건축물의 취득에 대해서는 그 존속기간과 관계없이 취득세를 부과하지 않는다.
⑤ 「징발재산 정리에 관한 특별조치법」상의 환매권의 행사로 매수하는 부동산의 취득에 대해서는 취득세를 부과하지 아니한다.

키워드 취득세 비과세

해설 임시흥행장, 공사현장사무소 등 임시건축물의 취득에 대해서는 사치성 재산이거나 존속기간이 1년을 초과하는 경우에는 취득세를 부과한다(지방세법 제9조 제5항).

19 지방세법령상 취득세에 관한 설명으로 **틀린** 것은? (단, 지방세특례제한법령은 고려하지 않음)
• 35회

① 대한민국 정부기관의 취득에 대하여 과세하는 외국정부의 취득에 대해서는 취득세를 부과한다.
② 토지의 지목을 사실상 변경함으로써 그 가액이 증가한 경우에는 취득으로 본다.
③ 국가에 귀속의 반대급부로 영리법인이 국가 소유의 부동산을 무상으로 양여받는 경우에는 취득세를 부과하지 아니한다.
④ 영리법인이 취득한 임시흥행장의 존속기간이 1년을 초과하는 경우에는 취득세를 부과한다.
⑤ 신탁(신탁법에 따른 신탁으로서 신탁등기가 병행되는 것만 해당한다)으로 인한 신탁재산의 취득 중 주택조합등과 조합원 간의 부동산 취득에 대해서는 취득세를 부과한다.

키워드 취득세 비과세
해설 국가에 귀속의 반대급부로 영리법인이 국가 소유의 부동산을 무상으로 양여받는 경우에는 취득세를 부과한다(지방세법 제9조 제2항 제2호).

정답 17 ① 18 ④ 19 ③

제5절　취득세 납세절차

20 지방세법상 취득세 신고·납부에 관한 설명이다. (　　) 안에 들어갈 내용을 순서대로 나열한 것은? (단, 납세자가 국내에 주소를 둔 경우에 한함) • 25회

> 취득세 과세물건을 취득한 자는 그 취득한 날부터 (　　) 이내, 상속으로 인한 경우는 상속개시일이 속하는 달의 말일부터 (　　) 이내에 그 과세표준에 세율을 적용하여 산출한 세액을 신고하고 납부하여야 한다.

① 10일, 3개월
② 30일, 3개월
③ 60일, 3개월
④ 60일, 6개월
⑤ 90일, 6개월

키워드 취득세 신고납부기한

해설 취득세 과세물건을 취득한 자는 그 취득한 날(부동산 거래신고 등에 관한 법률에 따른 토지거래계약에 관한 허가구역에 있는 토지를 취득하는 경우로서 같은 법 제11조에 따른 토지거래계약에 관한 허가를 받기 전에 거래대금을 완납한 경우에는 그 허가일이나 허가구역의 지정 해제일 또는 축소일을 말한다)부터 60일[무상취득(상속은 제외한다) 또는 증여자의 채무를 인수하는 부담부증여로 인한 취득의 경우는 취득일이 속하는 달의 말일부터 3개월, 상속으로 인한 경우는 상속개시일이 속하는 달의 말일부터, 실종으로 인한 경우는 실종선고일이 속하는 달의 말일부터 각각 6개월(외국에 주소를 둔 상속인이 있는 경우에는 각각 9개월)] 이내에 그 과세표준에 세율을 적용하여 산출한 세액을 대통령령으로 정하는 바에 따라 신고하고 납부하여야 한다(지방세법 제20조 제1항).

21 지방세법상 취득세의 부과·징수에 관한 설명으로 옳은 것은?   • 33회

① 취득세의 징수는 보통징수의 방법으로 한다.
② 상속으로 취득세 과세물건을 취득한 자는 상속개시일부터 60일 이내에 산출한 세액을 신고하고 납부하여야 한다.
③ 신고·납부기한 이내에 재산권과 그 밖의 권리의 취득·이전에 관한 사항을 공부에 등기하거나 등록(등재 포함)하려는 경우에는 등기 또는 등록 신청서를 등기·등록관서에 접수하는 날까지 취득세를 신고·납부하여야 한다.
④ 취득세 과세물건을 취득한 후에 그 과세물건이 중과세율의 적용대상이 되었을 때에는 중과세율을 적용하여 산출한 세액에서 이미 납부한 세액(가산세 포함)을 공제한 금액을 세액으로 하여 신고·납부하여야 한다.
⑤ 법인의 취득당시가액을 증명할 수 있는 장부가 없는 경우 지방자치단체의 장은 그 산출된 세액의 100분의 20을 징수하여야 할 세액에 가산한다.

키워드 취득세 납세절차

해설
① 취득세의 징수는 신고납부의 방법으로 한다(지방세법 제18조).
② 상속으로 취득세 과세물건을 취득한 자는 상속으로 인한 경우는 상속개시일이 속하는 달의 말일부터 6개월(외국에 주소를 둔 상속인이 있는 경우에는 9개월) 이내에 산출한 세액을 신고하고 납부하여야 한다(지방세법 제20조 제1항).
③ 신고·납부기한 이내에 재산권과 그 밖의 권리으 취득·이전에 관한 사항을 공부에 등기하거나 등록(등재 포함)하려는 경우에는 등기 또는 등록 신청서를 등기·등록관서에 접수하는 날까지 취득세를 신고·납부하여야 한다(지방세법 제20조 제4항).
④ 취득세 과세물건을 취득한 후에 그 과세물건이 중과세율의 적용대상이 되었을 때에는 중과세율을 적용하여 산출한 세액에서 이미 납부한 세액(가산세 제외)을 공제한 금액을 세액으로 하여 신고·납부하여야 한다(지방세법 제20조 제2항).
⑤ 법인의 취득당시가액을 증명할 수 있는 장부가 없는 경우 지방자치단체의 장은 그 산출된 세액의 100분의 10을 징수하여야 할 세액에 가산한다(지방세법 제22조의2 제2항).

정답 20 ④ 21 ③

제6절 취득세 종합문제

22 지방세법상 취득세에 관한 설명으로 **틀린** 것은? • 28회 수정

① 지방자치단체에 기부채납을 조건으로 부동산을 취득하는 경우라도 그 반대급부로 기부채납 대상물의 무상사용권을 제공받는 때에는 그 해당 부분에 대해서는 취득세를 부과한다.
② 상속(피상속인이 상속인에게 한 유증 및 포괄유증과 신탁재산의 상속 포함)으로 인하여 취득하는 경우에는 상속인 각자가 상속받는 취득물건(지분을 취득하는 경우에는 그 지분에 해당하는 취득물건을 말함)을 취득한 것으로 본다.
③ 유상승계취득의 경우 사실상의 취득가격 또는 연부금액을 과세표준으로 한다.
④ 무상승계취득한 취득물건을 취득일에 등기·등록한 후 화해조서·인낙조서에 의하여 취득일이 속하는 달의 말일부터 3개월 이내에 계약이 해제된 사실을 입증하는 경우에는 취득한 것으로 보지 아니한다.
⑤ 「주택법」 제2조 제3호에 따른 공동주택의 개수(건축법 제2조 제1항 제9호에 따른 대수선은 제외함)로 인한 취득 중 개수로 인한 취득 당시 「지방세법」 제4조에 따른 주택의 시가표준액이 9억원 이하인 주택과 관련된 개수로 인한 취득에 대해서는 취득세를 부과하지 아니한다.

키워드 취득세 종합문제

해설 무상승계취득의 경우에는 그 계약일(상속 또는 유증으로 인한 취득의 경우에는 상속 또는 유증 개시일을 말한다)에 취득한 것으로 본다. 다만, 해당 취득물건을 등기·등록하지 아니하고 다음의 어느 하나에 해당하는 서류에 의하여 계약이 해제된 사실이 입증되는 경우에는 취득한 것으로 보지 아니한다(지방세법 시행령 제20조 제1항).

> 1. 화해조서·인낙조서(해당 조서에서 취득일이 속하는 달의 말일부터 3개월 이내에 계약이 해제된 사실이 입증되는 경우만 해당한다)
> 2. 공정증서(공증인이 인증한 사서증서를 포함하되, 취득일이 속하는 달의 말일부터 3개월 이내에 공증받은 것만 해당한다)
> 3. 행정안전부령으로 정하는 계약해제신고서(취득일이 속하는 달의 말일부터 3개월 이내에 제출된 것만 해당한다)

따라서 등기·등록한 경우에는 취득으로 본다.

23 지방세법상 취득세에 관한 설명으로 옳은 것은?
• 31회 수정

① 국가 및 외국정부의 취득에 대해서는 취득세를 부과한다.
② 토지의 지목변경에 따른 취득은 토지의 지목이 사실상 변경된 날을 취득일로 본다.
③ 국가가 취득세 과세물건을 매각하면 매각일부터 30일 이내에 지방자치단체의 장에게 신고하여야 한다.
④ 법인이 아닌 자가 건축물을 건축하여 취득하는 경우의 과세표준은 언제나 시가표준액으로 한다.
⑤ 토지를 취득한 자가 그 취득한 날부터 1년 이내에 그에 인접한 토지를 취득한 경우 그 전후의 취득에 관한 토지의 취득을 1건의 토지 취득으로 보아 취득세에 대한 면세점을 적용한다.

키워드 취득세 종합문제

해설
① 국가 또는 지방자치단체(다른 법률에서 국가 또는 지방자치단체로 의제되는 법인은 제외), 「지방자치법」에 따른 지방자치단체조합, 외국정부 및 주한국제기구의 취득에 대해서는 취득세를 부과하지 아니한다. 다만, 대한민국 정부기관의 취득에 대하여 과세하는 외국정부의 취득에 대해서는 취득세를 부과한다(지방세법 제9조 제1항).
② 토지의 지목변경에 따른 취득은 토지의 지목이 사실상 변경된 날과 공부상 변경된 날 중 빠른 날을 취득일로 본다. 다만, 토지의 지목변경일 이전에 사용하는 부분에 대해서는 그 사실상의 사용일을 취득일로 본다(지방세법 시행령 제20조 제10항).
③ 국가가 취득세 과세물건을 매각하면 매각일부터 30일 이내에 지방자치단체의 장에게 신고하여야 한다(지방세법 제19조).
④ 법인이 아닌 자가 건축물을 건축하여 취득하는 경우로서 사실상 취득가격을 확인할 수 없는 경우의 취득당시가액은 시가표준액으로 한다(지방세법 제10조의4 제2항).
⑤ 「지방세법」 제17조 제2항

정답 22 ④ 23 ⑤

24 지방세법상 취득세에 관한 설명으로 틀린 것은?

• 32회

① 「도시 및 주거환경정비법」에 따른 재건축조합이 재건축 사업을 하면서 조합원으로부터 취득하는 토지 중 조합원에게 귀속되지 아니하는 토지를 취득하는 경우에는 같은 법에 따른 소유권이전 고시일의 다음 날에 그 토지를 취득한 것으로 본다.
② 취득세 과세물건을 취득한 후에 그 과세물건이 중과세율의 적용대상이 되었을 때에는 취득한 날부터 60일 이내에 중과세율을 적용하여 산출한 세액에서 이미 납부한 세액(가산세 포함)을 공제한 금액을 신고하고 납부하여야 한다.
③ 대한민국 정부기관의 취득에 대하여 과세하는 외국정부의 취득에 대해서는 취득세를 부과한다.
④ 상속으로 인한 취득의 경우에는 상속개시일에 취득한 것으로 본다.
⑤ 부동산의 취득은 「민법」 등 관계 법령에 따른 등기·등록 등을 하지 아니한 경우라도 사실상 취득하면 취득한 것으로 본다.

키워드 취득세 종합문제

해설 취득세 과세물건을 취득한 후에 그 과세물건이 중과세율의 적용대상이 되었을 때에는 취득한 날부터 60일 이내에 중과세율을 적용하여 산출한 세액에서 이미 납부한 세액(가산세 제외)을 공제한 금액을 신고하고 납부하여야 한다(지방세법 제20조 제2항).

25 지방세법상 취득세에 관한 설명으로 옳은 것은?

• 33회 수정

① 건축물 중 부대설비에 속하는 부분으로서 그 주체구조부와 하나가 되어 건축물로서의 효용가치를 이루고 있는 것에 대하여는 주체구조부 취득자 외의 자가 가설한 경우에도 주체구조부의 취득자가 함께 취득한 것으로 본다.

② 세대별 소유주택 수에 따른 중과세율을 적용함에 있어 주택으로 재산세를 과세하는 오피스텔(2025년 취득)은 해당 오피스텔을 소유한 자의 주택 수에 가산하지 아니한다.

③ 납세의무자가 토지의 지목을 사실상 변경한 후 산출세액에 대한 신고를 하지 아니하고 그 토지를 매각하는 경우에는 산출세액에 100분의 80을 가산한 금액을 세액으로 하여 징수한다.

④ 공사현장사무소 등 임시건축물의 취득에 대하여는 그 존속기간에 관계없이 취득세를 부과하지 아니한다.

⑤ 토지를 취득한 자가 취득한 날부터 1년 이내에 그에 인접한 토지를 취득한 경우 그 취득가액이 100만원일 때에는 취득세를 부과하지 아니한다.

키워드 취득세 종합문제

해설
① 건축물 중 부대설비에 속하는 부분으로서 그 주체구조부와 하나가 되어 건축물로서의 효용가치를 이루고 있는 것에 대하여는 주체구조부 취득자 외의 자가 가설한 경우에도 주체구조부의 취득자가 함께 취득한 것으로 본다(지방세법 제7조 제3항).

② 세대별 소유주택 수에 따른 중과세율을 적용함에 있어 주택으로 재산세를 과세하는 오피스텔(2025년 취득)은 해당 오피스텔을 소유한 자의 주택 수에 가산한다(지방세법 제13조의3 제4호).

③ 납세의무자가 토지의 지목을 사실상 변경한 후 산출세액에 대한 신고를 하지 아니하고 그 토지를 매각하는 경우에는 중가산세를 적용하지 아니한다(지방세법 시행령 제37조).

④ 임시흥행장, 공사현장사무소 등(사치성 재산은 제외) 임시건축물의 취득에 대하여는 취득세를 부과하지 아니한다. 다만, 존속기간이 1년을 초과하는 경우에는 취득세를 부과한다(지방세법 제9조 제5항).

⑤ 취득가액이 50만원 이하일 때에는 취득세를 부과하지 아니한다. 토지나 건축물을 취득한 자가 그 취득한 날부터 1년 이내에 그에 긴접한 토지나 건축물을 취득한 경우에는 각각 그 전후의 취득에 관한 토지나 건축물의 취득을 1건의 토지 취득 또는 1구의 건축물 취득으로 보아 면세점을 적용한다(지방세법 제17조).

정답 24 ② 25 ①

CHAPTER 02 등록에 대한 등록면허세

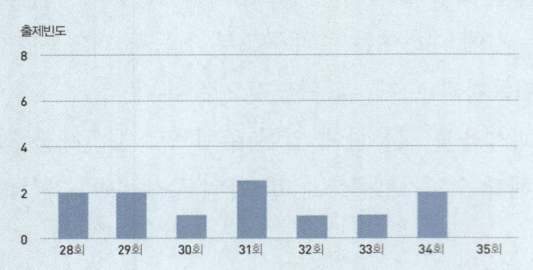

8개년 출제 문항 수
총 16문제 中 평균 약 1.5문제 출제

이 단원을 공략하고 싶다면?
과세표준, 세율, 비과세, 납세절차에 대해 정리하자

↳ 기본서 [부동산세법] pp. 131~140

대표기출 | 2017년 제28회 A형 35번 문제 | 난이도 중

지방세법상 부동산등기에 대한 등록면허세의 표준세율로 틀린 것은? (단, 표준세율을 적용하여 산출한 세액이 부동산등기에 대한 그 밖의 등기 또는 등록세율보다 크다고 가정함)

① 전세권설정등기: 전세금액의 1천분의 2
② 상속으로 인한 소유권이전등기: 부동산가액의 1천분의 8
③ 지역권설정 및 이전등기: 요역지가액의 1천분의 2
④ 임차권설정 및 이전등기: 임차보증금의 1천분의 2
⑤ 저당권설정 및 이전등기: 채권금액의 1천분의 2

기출공략 [키워드] 등록면허세 과세표준과 세율

등록면허세 과세표준과 세율에 대해 숙지하고 있어야 합니다.

28회, 31회

지방세법상 부동산등기에 대한 등록면허세의 표준세율로 틀린 것은? (단, 표준세율을 적용하여 산출한 세액이 부동산등기에 대한 그 밖의 등기 또는 등록서율보다 크다고 가정함) (④)

① 전세권설정등기: 전세금액의 1천분의 2 (O)
② 상속으로 인한 소유권이전등기: 부동산가액의 1천분의 3 (O)
③ 지역권설정 및 이전등기: 요역지가액의 1천분의 2 (O)
④ 임차권설정 및 이전등기: ~~임차보증금의~~ 1천분의 2 (×)
　　　　　　　　　　　→ 월임대차금액의
⑤ 저당권설정 및 이전등기: 채권금액의 1천분의 2 (O)

이론플러스 등록면허세 세율

구분			과세표준	세율
소유권보존등기			부동산가액	1천분의 8
소유권 이전등기	유상		부동산가액	1천분의 20 (1천분의 10~1천분의 30의 세율이 적용되는 주택의 경우에는 해당 주택의 취득세율에 100분의 50을 곱한 세율)
	상속			1천분의 8
	상속 이외 무상			1천분의 15
소유권 외의 물권과 임차권의 설정 및 이전	지상권		부동산가액	1천분의 2
	지역권		요역지가액	
	전세권		전세금액	
	임차권		월임대차금액	
	저당권, 가압류, 가처분, 경매신청		채권금액	
	가등기		부동산가액 또는 채권금액	
그 밖의 등기(말소, 변경등기 등)			건당	6천원

제1절 등록면허세 과세대상

01 지방세법상 등록면허세가 과세되는 등기 또는 등록이 <u>아닌</u> 것은? (단, 2025년 1월 1일 이후 등기 또는 등록한 것으로 가정함) • 29회 수정

① 광업권의 취득에 따른 등록
② 외국인 소유의 선박을 직접 사용하기 위하여 연부취득조건으로 수입하는 선박의 등록
③ 취득세 부과제척기간이 지난 주택의 등기
④ 취득가액이 50만원 이하인 차량의 등록
⑤ 계약상의 잔금지급일을 2025년 12월 1일로 하는 부동산(취득가액 1억원)의 소유권이전등기

키워드 등록면허세 과세대상

해설 2011년 이후에 취득한 부동산은 소유권취득에 대해 종전 취득세와 등록세가 통합되어 취득세로만 과세된다(취득세 면세점 이하 또는 취득세 부과제척기간이 만료된 취득 제외).

제2절 등록면허세 과세표준과 세율, 비과세

02 지방세법상 부동산등기에 대한 등록면허세의 과세표준에 관한 설명으로 틀린 것은?
중
• 21회 수정

① 부동산취득에 대한 등기·등록에 대한 등록면허세 과세표준은 등록 당시의 가액으로 한다.
② 취득세 부과제척기간이 경과한 물건의 등기 또는 등록의 경우 등록 당시의 가액과 취득당시가액 중 높은 가액을 과세표준으로 한다.
③ 등록자의 신고가 없거나 신고가액이 시가표준액보다 적은 경우에는 시가표준액을 과세표준으로 한다.
④ 채권금액으로 과세액을 정하는 경우에 일정한 채권금액이 없을 때에는 채권의 목적이 된 것의 가액 또는 처분의 제한의 목적이 된 금액을 그 채권금액으로 본다.
⑤ 등록 당시에 자산재평가 또는 감가상각 등의 사유르 그 가액이 달라진 경우에도 취득당시가액을 과세표준으로 한다.

키워드 등록면허세 과세표준

해설 등록 당시에 자산재평가 또는 감가상각 등의 사유로 그 가액이 달라진 경우에는 변경된 가액을 과세표준으로 한다(지방세법 제27조 제3항).

정답 01 ⑤ 02 ⑤

03 (중)

지방세법상 부동산등기에 대한 등록면허세의 과세표준과 표준세율로서 **틀린** 것은? (단, 부동산등기에 대한 표준세율을 적용하여 산출한 세액이 그 밖의 등기 또는 등록세율보다 크다고 가정하며, 중과세 및 비과세와 지방세특례제한법은 고려하지 않음) • 31회 수정

① 소유권보존: 부동산가액의 1천분의 8
② 가처분(저당권과 관련됨): 부동산가액의 1천분의 2
③ 지역권설정: 요역지가액의 1천분의 2
④ 전세권이전: 전세금액의 1천분의 2
⑤ 상속으로 인한 소유권이전: 부동산가액의 1천분의 8

키워드 등록면허세 과세표준과 세율
해설 가처분(저당권과 관련됨): 채권금액의 1천분의 2

04 (하)

지방세법령상 등록에 대한 등록면허세가 비과세되는 경우로 **틀린** 것은? • 34회 수정

① 지방자치단체조합이 자기를 위하여 받는 등록
② 무덤과 이에 접속된 부속시설물의 부지로 사용되는 토지로서 지적공부상 지목이 묘지인 토지에 관한 등기
③ 「채무자 회생 및 파산에 관한 법률」 제6조 제3항에 따른 촉탁 등기
④ 대한민국 정부기관의 등록에 대하여 과세하는 외국정부의 등록
⑤ 등기 담당 공무원의 착오로 인한 주소 등의 단순한 표시변경 등기

키워드 등록면허세 비과세
해설 국가, 지방자치단체, 지방자치단체조합, 외국정부 및 주한국제기구가 자기를 위하여 받는 등록 또는 면허에 대하여는 등록면허세를 부과하지 아니한다. 다만, 대한민국 정부기관의 등록 또는 면허에 대하여 과세하는 외국정부의 등록 또는 면허의 경우에는 등록면허세를 부과한다(지방세법 제26조 제1항).

제3절 등록면허세 납세절차

05 지방세법상 취득세 또는 등록면허세의 신고·납부에 관한 설명으로 옳은 것은? (단, 비과세 및 지방세특례제한법은 고려하지 않음) • 31회

① 상속으로 취득세 과세물건을 취득한 자는 상속개시일로부터 6개월 이내에 과세표준과 세액을 신고·납부하여야 한다.
② 취득세 과세물건을 취득한 후 중과세대상이 되었을 때에는 표준세율을 적용하여 산출한 세액에서 이미 납부한 세액(가산세 포함)을 공제한 금액을 세액으로 하여 신고·납부하여야 한다.
③ 지목변경으로 인한 취득세 납세의무자가 신고를 하지 아니하고 매각하는 경우 산출세액에 100분의 80을 가산한 금액을 세액으로 하여 징수한다.
④ 등록을 하려는 자가 등록면허세 신고의무를 다하지 않고 산출세액을 등록 전까지 납부한 경우 「지방세기본법」에 따른 무신고가산세를 부과한다.
⑤ 등기·등록관서의 장은 등기 또는 등록 후에 등록면허세가 납부되지 아니하였거나 납부부족액을 발견한 경우에는 다음 달 10일까지 납세지를 관할하는 시장·군수·구청장에게 통보하여야 한다.

키워드 취득세와 등록면허세 납세절차

해설 ① 상속으로 취득세 과세물건을 취득한 자는 상속개시일이 속하는 달의 말일부터 6개월 이내에 과세표준과 세액을 신고·납부하여야 한다(지방세법 제20조 제1항).
② 취득세 과세물건을 취득한 후 중과세대상이 되었을 때에는 표준세율을 적용하여 산출한 세액에서 이미 납부한 세액(가산세 제외)을 공제한 금액을 세액으로 하여 신고·납부하여야 한다(지방세법 제20조 제2항).
③ 지목변경으로 인한 취득세 납세의무자가 신고를 하지 아니하고 매각하는 경우 중가산세를 적용하지 아니한다(지방세법 시행령 제37조 제3호).
④ 신고의무를 다하지 아니한 경우에도 등록면허세 산출세액을 등록을 하기 전까지 납부하였을 때에는 신고를 하고 납부한 것으로 본다. 이 경우 가산세를 부과하지 아니한다(지방세법 제30조 제4항).
⑤ 「지방세법 시행령」 제38조

정답 03 ② 04 ④ 05 ⑤

제4절 등록면허세 종합문제

06 지방세법령상 등록에 대한 등록면허세에 관한 설명으로 **틀린** 것은? (단, 지방세관계법령상 감면 및 특례는 고려하지 않음)
• 34회

① 같은 등록에 관계되는 재산이 둘 이상의 지방자치단체에 걸쳐 있어 등록면허세를 지방자치단체별로 과할 수 없을 때에는 등록관청 소재지를 납세지로 한다.
② 지방자치단체의 장은 조례로 정하는 바에 따라 등록면허세의 세율을 부동산 등기에 따른 표준세율의 100분의 50의 범위에서 가감할 수 있다.
③ 주택의 토지와 건축물을 한꺼번에 평가하여 토지나 건축물에 대한 과세표준이 구분되지 아니하는 경우에는 한꺼번에 평가한 개별주택가격을 토지나 건축물의 가액비율로 나눈 금액을 각각 토지와 건축물의 과세표준으로 한다.
④ 부동산의 등록에 대한 등록면허세의 과세표준은 등록자가 신고한 당시의 가액으로 하고, 신고가 없거나 신고가액이 시가표준액보다 많은 경우에는 시가표준액으로 한다.
⑤ 채권자대위자는 납세의무자를 대위하여 부동산의 등기에 대한 등록면허세를 신고납부할 수 있다.

키워드 등록면허세 종합문제

해설 부동산의 등록에 대한 등록면허세의 과세표준은 조례로 정하는 바에 따라 등록자의 신고에 따른다. 다만, 신고가 없거나 신고가액이 시가표준액보다 적은 경우에는 시가표준액을 과세표준으로 한다(지방세법 제27조 제2항).

07 지방세법상 취득세 및 등록면허세에 관한 설명으로 옳은 것은?

• 27회 수정

① 취득세 과세물건을 취득한 후 중과세 세율 적용대상이 되었을 경우 60일 이내에 산출세액에서 이미 납부한 세액(가산세 포함)을 공제하여 신고·납부하여야 한다.
② 취득세 과세물건을 취득한 자가 재산권의 취득에 관한 사항을 등기하는 경우 등기한 후 30일 이내에 취득세를 신고·납부하여야 한다.
③ 취득세 과세표준계산에 있어 지방자치단체의 장은 특수관계인 간의 거래로 그 취득에 대한 조세부담을 부당하게 감소시키는 행위 또는 계산을 한 것으로 인정되는 경우 시가표준액을 취득당시가액으로 결정할 수 있다.
④ 부동산가압류에 대한 등록면허세의 세율은 부동산가액의 1천분의 2로 한다.
⑤ 등록하려는 자가 신고의무를 다하지 아니하고 등록면허세 산출세액을 등록하기 전까지(신고기한이 있는 경우 신고기한까지) 납부하였을 때에는 신고를 하고 납부한 것으로 본다.

키워드 취득세와 등록면허세 종합문제

해설 ① 취득세 과세물건을 취득한 후 중과세 세율 적용대상이 되었을 경우 60일 이내에 산출세액에서 이미 납부한 세액(가산세 제외)을 공제하여 신고·납부하여야 한다(지방세법 제20조 제2항).
② 취득세 과세물건을 취득한 자가 재산권의 취득에 관한 사항을 등기하는 경우에는 등기 또는 등록 신청서를 등기·등록관서에 접수하는 날까지 취득세를 신고·납부하여야 한다(지방세법 제20조 제4항).
③ 지방자치단체의 장은 특수관계인 간의 거래로 그 취득에 대한 조세부담을 부당하게 감소시키는 행위 또는 계산을 한 것으로 인정되는 경우 시가인정액을 취득당시가액으로 결정할 수 있다(지방세법 제10조의3 제2항).
④ 부동산가압류에 대한 등록면허세의 세율은 채권금액의 1천분의 2로 한다(지방세법 제28조 제1항 제1호 라목 2).
⑤ 「지방세법」 제30조 제4항

정답 06 ④ 07 ⑤

08 지방세법상 등록면허세에 관한 설명으로 틀린 것은?

• 28회 수정

① 같은 등록에 관계되는 재산이 둘 이상의 지방자치단체에 걸쳐 있어 등록면허세를 지방자치단체별로 부과할 수 없을 때에는 등록관청 소재지를 납세지로 한다.
② 「여신전문금융업법」 제2조 제12호에 따른 할부금융업을 영위하기 위하여 대도시에서 법인을 설립함에 따른 등기를 할 때에는 그 세율을 해당 세율의 100분의 300으로 한다. 단, 그 등기일부터 2년 이내에 업종변경이나 업종추가는 없다.
③ 무덤과 이에 접속된 부속시설물의 부지로 사용되는 토지로서 지적공부상 지목이 묘지인 토지에 관한 등기에 대하여는 등록면허세를 부과하지 아니한다.
④ 재산권 기타 권리의 설정·변경 또는 소멸에 관한 사항을 공부에 등기 또는 등록을 받는 등기·등록부상에 기재된 명의자는 등록면허세를 납부할 의무를 진다.
⑤ 지방자치단체의 장은 조례로 정하는 바에 따라 등록면허세의 세율을 부동산등기에 대한 표준세율의 100분의 50의 범위에서 가감할 수 있다.

키워드 등록면허세 종합문제

해설 「여신전문금융업법」에 따른 할부금융업은 대도시 법인 중과세 제외 업종이다.

이론플러스 대도시 법인 중과세의 예외(지방세법 시행령 제26조 제1항)

1. 「사회기반시설에 대한 민간투자법」 제2조 제3호에 따른 사회기반시설사업(같은 조 제9호에 따른 부대사업을 포함한다)
2. 「한국은행법」 및 「한국수출입은행법」에 따른 은행업
3. 「해외건설촉진법」에 따라 신고된 해외건설업(해당 연도에 해외건설 실적이 있는 경우로서 해외건설에 직접 사용하는 사무실용 부동산만 해당한다) 및 「주택법」 제4조에 따라 국토교통부에 등록된 주택건설사업(주택건설용으로 취득한 후 3년 이내에 주택건설에 착공하는 부동산만 해당한다)
4. 「전기통신사업법」 제5조에 따른 전기통신사업
5. 「산업발전법」에 따라 산업통상자원부장관이 고시하는 첨단기술산업과 「산업집적활성화 및 공장설립에 관한 법률 시행령」 별표 1의2 제2호 마목에 따른 첨단업종
6. 「유통산업발전법」에 따른 유통산업, 「농수산물유통 및 가격안정에 관한 법률」에 따른 농수산물도매시장·농수산물공판장·농수산물종합유통센터·유통자회사 및 「축산법」에 따른 가축시장
7. 「여객자동차 운수사업법」에 따른 여객자동차운송사업 및 「화물자동차 운수사업법」에 따른 화물자동차운송사업과 「물류시설의 개발 및 운영에 관한 법률」 제2조 제3호에 따른 물류터미널사업 및 「물류정책기본법 시행령」 제3조 및 별표 1에 따른 창고업
8. 정부출자법인 또는 정부출연법인(국가나 지방자치단체가 납입자본금 또는 기본재산의 100분의 20 이상을 직접 출자 또는 출연한 법인만 해당한다)이 경영하는 사업
9. 「의료법」 제3조에 따른 의료업

10. 개인이 경영하던 제조업(소득세법 제19조 제1항 제3호에 따른 제조업을 말한다). 다만, 행정안전부령으로 정하는 바에 따라 법인으로 전환하는 기업만 해당하며, 법인전환에 따라 취득한 부동산의 가액(법 제4조에 따른 시가표준액을 말한다)이 법인 전환 전의 부동산가액을 초과하는 경우에 그 초과부분과 법인으로 전환한 날 이후에 취득한 부동산은 법 제13조 제2항 각 호 외의 부분 본문을 적용한다.
11. 「산업집적활성화 및 공장설립에 관한 법률 시행령」 별표 1의2 제3호 가목에 따른 자원재활용업종
12. 「소프트웨어 진흥법」 제2조 제3호에 따른 소프트웨어사업 및 같은 법 제61조에 따라 설립된 소프트웨어공제조합이 소프트웨어산업을 위하여 수행하는 사업
13. 「공연법」에 따른 공연장 등 문화예술시설운영사업
14. 「방송법」 제2조 제2호·제5호·제8호·제11호 및 제13호에 따른 방송사업·중계유선방송사업·음악유선방송사업·전광판방송사업 및 전송망사업
15. 「과학관의 설립·운영 및 육성에 관한 법률」에 따른 과학관시설운영사업
16. 「산업집적활성화 및 공장설립에 관한 법률」 제28조에 따른 도시형 공장을 경영하는 사업
17. 「벤처투자 촉진에 관한 법률」 제37조에 따라 등록한 중소기업창업투자회사가 중소기업창업지원을 위하여 수행하는 사업. 다만, 법인설립 후 1개월 이내에 같은 법에 따라 등록하는 경우만 해당한다.
18. 「한국광해광업공단법」에 따른 한국광해광업공단이 석탄산업합리화를 위하여 수행하는 사업
19. 「소비자기본법」 제33조에 따라 설립된 한국소비자원이 소비자 보호를 위하여 수행하는 사업
20. 「건설산업기본법」 제54조에 따라 설립된 공제조합이 건설업을 위하여 수행하는 사업
21. 「엔지니어링산업 진흥법」 제34조에 따라 설립된 공제조합이 그 설립 목적을 위하여 수행하는 사업
22. 「주택도시기금법」에 따른 주택도시보증공사가 주택건설업을 위하여 수행하는 사업
23. 「여신전문금융업법」 제2조 제12호에 따른 할부금융업
24. 「통계법」 제22조에 따라 통계청장이 고시하는 한국표준산업분류에 따른 실내경기장·운동장 및 야구장 운영업
25. 「산업발전법」(법률 제9584호 산업발전법 전부개정법률로 개정되기 전의 것을 말한다) 제14조에 따라 등록된 기업구조조정전문회사가 그 설립 목적을 위하여 수행하는 사업. 다만, 법인 설립 후 1개월 이내에 같은 법에 따라 등록하는 경우만 해당한다.
26. 「지방세특례제한법」 제21조 제1항에 따른 청소년단체, 같은 법 제45조에 따른 학술단체·장학법인 및 같은 법 제52조에 따른 문화예술단체·체육단체가 그 설립 목적을 위하여 수행하는 사업
27. 「중소기업진흥에 관한 법률」 제69조에 따라 설립된 회사가 경영하는 사업
28. 「도시 및 주거환경정비법」 제35조 또는 「빈집 및 소규모주택 정비에 관한 특례법」 제23조에 따라 설립된 조합이 시행하는 「도시 및 주거환경정비법」 제2조 제2호의 정비사업 또는 「빈집 및 소규모주택 정비에 관한 특례법」 제2조 제1항 제3호의 소규모주택정비사업
29. 「방문판매 등에 관한 법률」 제38조에 따라 설립된 공제조합이 경영하는 보상금지급책임의 보험사업 등 같은 법 제37조 제1항 제3호에 따른 공제사업

정답 08 ②

30. 「한국주택금융공사법」에 따라 설립된 한국주택금융공사가 같은 법 제22조에 따라 경영하는 사업
31. 「민간임대주택에 관한 특별법」 제5조에 따라 등록을 한 임대사업자 또는 「공공주택 특별법」 제4조에 따라 지정된 공공주택사업자가 경영하는 주택임대사업
32. 「전기공사공제조합법」에 따라 설립된 전기공사공제조합이 전기공사업을 위하여 수행하는 사업
33. 「소방산업의 진흥에 관한 법률」 제23조에 따른 소방산업공제조합이 소방산업을 위하여 수행하는 사업
34. 「중소기업 기술혁신 촉진법」 제15조 및 같은 법 시행령 제13조에 따라 기술혁신형 중소기업으로 선정된 기업이 경영하는 사업. 다만, 법인의 본점·주사무소·지점·분사무소를 대도시 밖에서 대도시로 전입하는 경우는 제외한다.
35. 「주택법」에 따른 리모델링주택조합이 시행하는 같은 법 제66조 제1항 및 제2항에 따른 리모델링사업
36. 「공공주택 특별법」에 따른 공공매입임대주택(같은 법 제4조 제1항 제2호 및 제3호에 따른 공공주택사업자와 공공매입임대주택을 건설하는 사업자가 공공매입임대주택을 건설하여 양도하기로 2022년 12월 31일까지 약정을 체결하고 약정일부터 3년 이내에 건설에 착공하는 주거용 오피스텔로 한정한다)을 건설하는 사업
37. 「공공주택 특별법」 제4조 제1항에 따라 지정된 공공주택사업자가 같은 법에 따른 지분적립형 분양주택이나 이익공유형 분양주택을 공급·관리하는 사업

09 상

甲이 乙 소유 부동산에 관해 전세권설정등기를 하는 경우 지방세법상 등록에 대한 등록면허세에 관한 설명으로 틀린 것은? • 29회

① 등록면허세의 납세의무자는 전세권자인 甲이다.
② 부동산 소재지와 乙의 주소지가 다른 경우 등록면허세의 납세지는 乙의 주소지로 한다.
③ 전세권설정등기에 대한 등록면허세의 표준세율은 전세금액의 1,000분의 2이다.
④ 전세권설정등기에 대한 등록면허세의 산출세액이 건당 6천원보다 적을 때에는 등록면허세의 세액은 6천원으로 한다.
⑤ 만약 丙이 甲으로부터 전세권을 이전받아 등기하는 경우라면 등록면허세의 납세의무자는 丙이다.

키워드 등록면허세 종합문제
해설 부동산등기에 대한 등록면허세의 납세지는 부동산 소재지이다(지방세법 제25조 제1항 제1호).

10 지방세법상 등록면허세에 관한 설명으로 틀린 것은?

• 30회

① 부동산등기에 대한 등록면허세의 납세지는 부동산 소재지이다.
② 등록을 하려는 자가 법정신고기한까지 등록면허세 산출세액을 신고하지 않은 경우로서 등록 전까지 그 산출세액을 납부한 때에도 「지방세기본법」에 따른 무신고가산세가 부과된다.
③ 등기 담당 공무원의 착오로 인한 지번의 오기에 대한 경정등기에 대해서는 등록면허세를 부과하지 아니한다.
④ 채권금액으로 과세액을 정하는 경우에 일정한 채권금액이 없을 때에는 채권의 목적이 된 것의 가액 또는 처분의 제한의 목적이 된 금액을 그 채권금액으로 본다.
⑤ 「한국은행법」 및 「한국수출입은행법」에 따른 은행업을 영위하기 위하여 대도시에서 법인을 설립함에 따른 등기를 한 법인이 그 등기일부터 2년 이내에 업종변경이나 업종추가가 없는 때에는 등록면허세의 세율을 중과하지 아니한다.

키워드 등록면허세 종합문제

해설 신고의무를 다하지 아니한 경우에도 등록면허세 산출세액을 등록을 하기 전까지 납부하였을 때에는 신고를 하고 납부한 것으로 본다. 이 경우 가산세를 부과하지 아니한다 (지방세법 제30조 제4항).

11 지방세법상 등록면허세에 관한 설명으로 옳은 것은? • 31회

① 지방자치단체의 장은 등록면허세의 세율을 표준세율의 100분의 60의 범위에서 가감할 수 있다.
② 등록 당시에 감가상각의 사유로 가액이 달라진 경우 그 가액에 대한 증명 여부에 관계없이 변경 전 가액을 과세표준으로 한다.
③ 부동산 등록에 대한 신고가 없는 경우 취득 당시 시가표준액의 100분의 110을 과세표준으로 한다.
④ 지목이 묘지인 토지의 등록에 대하여 등록면허세를 부과한다.
⑤ 부동산등기에 대한 등록면허세의 납세지는 부동산 소재지로 하며, 납세지가 분명하지 아니한 경우에는 등록관청 소재지로 한다.

키워드 등록면허세 종합문제

해설
① 지방자치단체의 장은 등록면허세의 세율을 표준세율의 100분의 50의 범위에서 가감할 수 있다(지방세법 제28조 제6항).
② 등록 당시에 자산재평가 또는 감가상각 등의 사유로 그 가액이 달라진 경우에는 변경된 가액을 과세표준으로 한다(지방세법 제27조 제3항 단서).
③ 등록면허세 과세표준은 조례로 정하는 바에 따라 등록자의 신고에 따른다. 다만, 신고가 없거나 신고가액이 시가표준액보다 적은 경우에는 시가표준액을 과세표준으로 한다(지방세법 제27조 제2항).
④ 지목이 묘지인 토지의 등록은 등록면허세 비과세대상이다(지방세법 제26조 제2항 제3호).
⑤ 「지방세법」 제25조 제1항 제1호·제18호

12 거주자인 개인 乙은 甲이 소유한 부동산(시가 6억원)에 전세기간 2년, 전세보증금 3억
원으로 하는 전세계약을 체결하고, 전세권설정등기를 하였다. 지방세법상 등록면허세
에 관한 설명으로 옳은 것은?   • 32회

① 과세표준은 6억원이다.
② 표준세율은 전세보증금의 1천분의 8이다.
③ 납부세액은 6천원이다.
④ 납세의무자는 乙이다.
⑤ 납세지는 甲의 주소지이다.

키워드 등록면허세 종합문제

해설   ① 과세표준은 3억원이다(지방세법 제28조 제1항 제1호 다목 4).
② 표준세율은 전세보증금의 1천분의 2이다(지방세법 제28조 제1항 제1호 다목 4).
③ 납부세액은 60만원(3억원의 1천분의 2)이다(지방세법 제28조 제1항 제1호 다목 4).
⑤ 납세지는 甲의 부동산 소재지이다(지방세법 제25조 제1항 제1호).

정답 11 ⑤ 12 ④

13 상

지방세법상 등록에 대한 등록면허세에 관한 설명으로 틀린 것은?　　• 33회

① 채권금액으로 과세액을 정하는 경우에 일정한 채권금액이 없을 때에는 채권의 목적이 된 것의 가액 또는 처분의 제한의 목적이 된 금액을 그 채권금액으로 본다.
② 같은 채권의 담보를 위하여 설정하는 둘 이상의 저당권을 등록하는 경우에는 이를 하나의 등록으로 보아 그 등록에 관계되는 재산을 처음 등록하는 등록관청 소재지를 납세지로 한다.
③ 부동산등기에 대한 등록면허세의 납세지가 분명하지 아니한 경우에는 등록관청 소재지를 납세지로 한다.
④ 지상권 등기의 경우에는 특별징수의무자가 징수할 세액을 납부기한까지 부족하게 납부하면 특별징수의무자에게 과소납부분 세액의 100분의 1을 가산세로 부과한다.
⑤ 지방자치단체의 장은 채권자대위자의 부동산의 등기에 대한 등록면허세 신고납부가 있는 경우 납세의무자에게 그 사실을 즉시 통보하여야 한다.

키워드 등록면허세 종합문제

해설 ① 채권금액으로 과세액을 정하는 경우에 일정한 채권금액이 없을 때에는 채권의 목적이 된 것의 가액 또는 처분의 제한의 목적이 된 금액을 그 채권금액으로 본다(지방세법 제27조 제4항).
② 같은 채권의 담보를 위하여 설정하는 둘 이상의 저당권을 등록하는 경우에는 이를 하나의 등록으로 보아 그 등록에 관계되는 재산을 처음 등록하는 등록관청 소재지를 납세지로 한다(지방세법 제25조 제1항 제17호).
③ 부동산등기에 대한 등록면허세의 납세지가 분명하지 아니한 경우에는 등록관청 소재지를 납세지로 한다(지방세법 제25조 제1항 제18호).
④ 특별징수의무자가 징수하였거나 징수할 세액을 기한까지 납부하지 아니하거나 부족하게 납부하더라도 특별징수의무자에게 가산세는 부과하지 아니한다(지방세법 제31조 제4항).
⑤ 지방자치단체의 장은 채권자대위자의 부동산의 등기에 대한 등록면허세 신고납부가 있는 경우 납세의무자에게 그 사실을 즉시 통보하여야 한다(지방세법 제30조 제6항).

정답 13 ④

CHAPTER 03 재산세

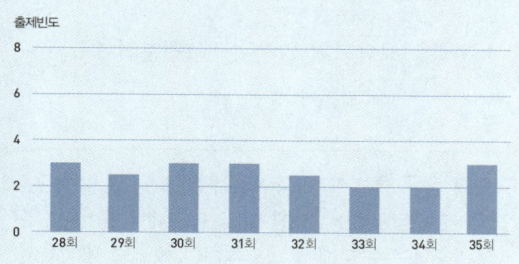

■ 8개년 출제 문항 수
총 16문제 中 평균 약 2.6문제 출제

■ 이 단원을 공략하고 싶다면?
과세대상, 납세의무자, 과세표준, 세율, 납세절차에 대해 정리하자

↳ 기본서 [부동산세법] pp. 141~182

대표기출   2021년 제32회 A형 28번 문제 수정 | 난이도 **상**

지방세법상 다음에 적용되는 재산세의 표준세율이 가장 높은 것은? (단, 재산세 도시지역분은 제외하고, 지방세관계법에 의한 특례는 고려하지 않음)

① 과세표준이 5천만원인 종합합산과세대상 토지
② 과세표준이 2억원인 별도합산과세대상 토지
③ 과세표준이 1억원인 광역시의 군지역에서 「농지법」에 따른 농업법인이 소유하는 농지로서 과세기준일 현재 실제 영농에 사용되고 있는 농지
④ 과세표준이 5억원인 「수도권정비계획법」에 따른 과밀억제권역 외의 읍·면 지역의 공장용 건축물
⑤ 과세표준이 1억 5천만원인 주택(1세대 1주택에 해당되지 않음)

기출공략 [키워드] 재산세 세율

재산세 세율에 대해 암기하고 있어야 합니다.

30회, 31회, 32회, 34회

지방세법상 다음에 적용되는 재산세의 표준세율이 가장 높은 것은? (단, 재산세 도시지역분은 제외하고, 지방세관계법에 의한 특례는 고려하지 않음) (④)

① 과세표준이 5천만원인 종합합산과세대상 토지 → 1천분의 2
② 과세표준이 2억원인 별도합산과세대상 토지 → 1천분의 2
③ 과세표준이 1억원인 광역시의 군지역에서 「농지법」에 따른 농업법인이 소유하는 농지로서 과세기준일 현재 실제 영농에 사용되고 있는 농지 → 1천분의 0.7

④ 과세표준이 5억원인 「수도권정비계획법」에 따른 과밀억제권역 외의 읍·면 지역의 공장용 건축물 → 1천분의 2.5
⑤ 과세표준이 1억 5천만원인 주택(1세대 1주택에 해당되지 않음) → 1천분의 1.5

> **이론플러스** 재산세 표준세율
>
> 재산세 표준세율은 다음과 같다. 단, 지방자치단체의 장은 특별한 재정수요나 재해 등의 발생으로 재산세의 세율 조정이 불가피하다고 인정되는 경우 조례로 정하는 바에 따라 표준세율의 100분의 50의 범위에서 가감할 수 있다. 다만, 가감한 세율은 해당 연도에만 적용한다(지방세법 제111조).
> 1. 토지
>   ㉠ 분리과세대상 토지
>
> | 구분 | 표준세율 |
> | --- | --- |
> | 전, 답, 과수원, 목장용지, 임야 | 1천분의 0.7 |
> | 공장용지, 산업용 토지, 염전, 터미널 등 | 1천분의 2 |
> | 회원제 골프장, 고급오락장용 토지 | 1천분의 40 |
>
>   ㉡ 별도합산과세대상 토지: 과세표준에 따라 1천분의 2~1천분의 4의 3단계 초과누진세율을 적용한다.
>   ㉢ 종합합산과세대상 토지: 과세표준에 따라 1천분의 2~1천분의 5의 3단계 초과누진세율을 적용한다.
> 2. 건축물
>   ㉠ 일반건축물(다음 ㉡, ㉢을 제외한 건축물): 1천분의 2.5
>   ㉡ 시지역의 주거지역 등의 공장용 건축물[특별시·광역시(군지역은 제외)·특별자치시(읍·면지역은 제외)·특별자치도(읍·면지역은 제외) 또는 시(읍·면지역은 제외) 지역에서 국토의 계획 및 이용에 관한 법률과 그 밖의 관계 법령에 따라 지정된 주거지역 및 해당 지방자치단체의 조례로 정하는 지역의 대통령령으로 정하는 공장용 건축물]: 1천분의 5
>   ㉢ 회원제 골프장, 고급오락장용 건축물: 1천분의 40
> 3. 주택(부속토지 포함)
>   ㉠ 일반적인 경우: 과세표준에 따라 1천분의 1~1천분의 4의 4단계 초과누진세율을 적용한다.
>   ㉡ 1세대 1주택에 대한 특례세율: 대통령령으로 정하는 1세대 1주택으로 시가표준액이 9억원 이하인 주택에 대해서는 1천분의 0.5~1천분의 3.5의 4단계 초과누진세율을 적용한다.
> 4. 선박 및 항공기
>   ㉠ 선박
>   ⓐ 고급선박: 1천분의 50
>   ⓑ 그 밖의 선박: 1천분의 3
>   ㉡ 항공기: 1천분의 3

제1절 재산세 과세대상

01 지방세법상 재산세 과세대상의 구분에 있어 주거용과 주거 외의 용도를 겸하는 건물 등에 관한 설명으로 옳은 것을 모두 고른 것은? • 33회

> ㉠ 1동(棟)의 건물이 주거와 주거 외의 용도로 사용되고 있는 경우에는 주거용으로 사용되는 부분만을 주택으로 본다.
> ㉡ 1구(構)의 건물이 주거와 주거 외의 용도로 사용되고 있는 경우 주거용으로 사용되는 면적이 전체의 100분의 60인 경우에는 주택으로 본다.
> ㉢ 주택의 부속토지의 경계가 명백하지 아니한 경우에는 그 주택의 바닥면적의 10배에 해당하는 토지를 주택의 부속토지로 한다.

① ㉠
② ㉢
③ ㉠, ㉡
④ ㉡, ㉢
⑤ ㉠, ㉡, ㉢

키워드 주택의 재산세

해설 ㉠ 1동(棟)의 건물이 주거와 주거 외의 용도로 사용되고 있는 경우에는 주거용으로 사용되는 부분만을 주택으로 본다(지방세법 제106조 제2항 제1호).
㉡ 1구(構)의 건물이 주거와 주거 외의 용도로 사용되고 있는 경우 주거용으로 사용되는 면적이 전체의 100분의 50 이상인 경우에는 주택으로 본다(지방세법 제106조 제2항 제2호).
㉢ 주택의 부속토지의 경계가 명백하지 아니한 경우에는 그 주택의 바닥면적의 10배에 해당하는 토지를 주택의 부속토지로 한다(지방세법 시행령 제105조).

정답 01 ⑤

제2절 재산세 납세의무자

02 지방세법령상 재산세 과세기준일 현재 납세의무자로 틀린 것은? • 35회

① 공부상에 개인 등의 명의로 등재되어 있는 사실상의 종중재산으로 종중소유임을 신고하지 아니하였을 경우: 종중
② 상속이 개시된 재산으로서 상속등기가 이행되지 아니하고 사실상의 소유자를 신고하지 아니하였을 경우: 행정안전부령으로 정하는 주된 상속자
③ 「도시 및 주거환경정비법」에 따른 정비사업(재개발사업만 해당한다)의 시행에 따른 환지계획에서 일정한 토지를 환지로 정하지 아니하고 체비지로 정한 경우: 사업시행자
④ 「채무자 회생 및 파산에 관한 법률」에 따른 파산선고 이후 파산종결의 결정까지 파산재단에 속하는 재산의 경우: 공부상 소유자
⑤ 지방자치단체와 재산세 과세대상 재산을 연부(年賦)로 매매계약을 체결하고 그 재산의 사용권을 무상으로 받은 경우: 그 매수계약자

키워드 재산세 납세의무자

해설 공부상에 개인 등의 명의로 등재되어 있는 사실상의 종중재산으로 종중소유임을 신고하지 아니하였을 경우: 공부상 소유자(지방세법 제107조 제2항 제3호)

03 지방세법상 재산세의 과세기준일 현재 납세의무자에 관한 설명으로 <u>틀린</u> 것은? • 28회

① 공유재산인 경우 그 지분에 해당하는 부분(지분의 표시가 없는 경우에는 지분이 균등한 것으로 봄)에 대해서는 그 지분권자를 납세의무자로 본다.
② 소유권의 귀속이 분명하지 아니하여 사실상의 소우자를 확인할 수 없는 경우에는 그 사용자가 납부할 의무가 있다.
③ 지방자치단체와 재산세 과세대상 재산을 연부로 매매계약을 체결하고 그 재산의 사용권을 무상으로 받은 경우에는 그 매수계약자를 납세의무자로 본다.
④ 공부상에 개인 등의 명의로 등재되어 있는 사실상의 종중재산으로서 종중소유임을 신고하지 아니하였을 때에는 공부상 소유자를 납세의무자로 본다.
⑤ 상속이 개시된 재산으로서 상속등기가 이행되지 아니하고 사실상의 소유자를 신고하지 아니하였을 때에는 공동상속인 각자가 받았거나 받을 재산에 따라 납부할 의무를 진다.

키워드 재산세 납세의무자

해설 상속이 개시된 재산으로서 상속등기가 이행되지 아니하고 사실상의 소유자를 신고하지 아니하였을 때에는 주된 상속자가 납세의무를 진다(지방세법 제107조 제2항 제2호).

정답 02 ① 03 ⑤

04 지방세법상 재산세의 과세대상 및 납세의무자에 관한 설명으로 옳은 것은? (단, 비과세는 고려하지 않음)

• 31회 수정

① 「신탁법」에 따른 신탁재산에 속하는 종합합산과세대상 토지는 위탁자의 토지와 합산한다.
② 토지와 주택에 대한 재산세 과세대상은 종합합산과세대상, 별도합산과세대상 및 분리과세대상으로 구분한다.
③ 국가가 선수금을 받아 조성하는 매매용 토지로서 사실상 조성이 완료된 토지의 사용권을 무상으로 받은 자는 재산세를 납부할 의무가 없다.
④ 주택 부속토지의 경계가 명백하지 아니한 경우 그 주택의 바닥면적의 20배에 해당하는 토지를 주택의 부속토지로 한다.
⑤ 재산세 과세대상인 건축물의 범위에는 주택을 포함한다.

키워드 재산세 과세대상 및 납세의무자

해설 ② 토지에 대한 재산세 과세대상은 종합합산과세대상, 별도합산과세대상 및 분리과세대상으로 구분한다. 주택은 주택별로 과세한다(지방세법 제106조 제1항).
③ 국가, 지방자치단체 및 지방자치단체조합이 선수금을 받아 조성하는 매매용 토지로서 사실상 조성이 완료된 토지의 사용권을 무상으로 받은 자가 있는 경우에는 그 자를 매수계약자로 본다. 즉, 납세의무가 있다(지방세법 시행령 제106조 제2항).
④ 주택 부속토지의 경계가 명백하지 아니한 경우 그 주택의 바닥면적의 10배에 해당하는 토지를 주택의 부속토지로 한다(지방세법 시행령 제105조).
⑤ 재산세 과세대상인 건축물의 범위에서 주택은 제외한다(지방세법 제104조 제3호).

제3절 재산세 과세표준과 세율

05 지방세법상 재산세 과세대상에 대한 표준세율 적용에 관한 설명으로 틀린 것은?

• 27회

① 납세의무자가 해당 지방자치단체 관할 구역에 소유하고 있는 종합합산과세대상 토지의 가액을 모두 합한 금액을 과세표준으로 하여 종합합산과세대상의 세율을 적용한다.
② 납세의무자가 해당 지방자치단체 관할 구역에 소유하고 있는 별도합산과세대상 토지의 가액을 모두 합한 금액을 과세표준으로 하여 별도합산과세대상의 세율을 적용한다.
③ 분리과세대상이 되는 해당 토지의 가액을 과세표준으로 하여 분리과세대상의 세율을 적용한다.
④ 납세의무자가 해당 지방자치단체 관할 구역에 2개 이상의 주택을 소유하고 있는 경우 그 주택의 가액을 모두 합한 금액을 과세표준으로 하여 주택의 세율을 적용한다.
⑤ 주택에 대한 토지와 건물의 소유자가 다를 경우 해당 주택의 토지와 건물의 가액을 합산한 과세표준에 주택의 세율을 적용한다.

키워드 재산세 세율

해설 주택에 대한 재산세는 주택별로 세율을 적용한다(지방세법 제113조 제2항).

정답 04 ① 05 ④

06 지방세법령상 재산세의 표준세율에 관한 설명으로 틀린 것은? (단, 지방세관계법령상 감면 및 특례는 고려하지 않음)
• 34회

① 법령에서 정하는 고급선박 및 고급오락장용 건축물의 경우 고급선박의 표준세율이 고급오락장용 건축물의 표준세율보다 높다.
② 특별시 지역에서 「국토의 계획 및 이용에 관한 법률」과 그 밖의 관계 법령에 따라 지정된 주거지역 및 해당 지방자치단체의 조례로 정하는 지역의 대통령령으로 정하는 공장용 건축물의 표준세율은 과세표준의 1천분의 5이다.
③ 주택(법령으로 정하는 1세대 1주택 아님)의 경우 표준세율은 최저 1천분의 1에서 최고 1천분의 4까지 4단계 초과누진세율로 적용한다.
④ 항공기의 표준세율은 1천분의 3으로 법령에서 정하는 고급선박을 제외한 그 밖의 선박의 표준세율과 동일하다.
⑤ 지방자치단체의 장은 특별한 재정수요나 재해 등의 발생으로 재산세의 세율 조정이 불가피하다고 인정되는 경우 조례로 정하는 바에 따라 표준세율의 100분의 50의 범위에서 가감할 수 있다. 다만, 가감한 세율은 해당 연도를 포함하여 3년간 적용한다.

키워드 재산세 세율

해설 ① 고급선박: 1천분의 50
고급오락장용 건축물: 1천분의 40
④ 항공기 및 선박(고급선박 제외): 1천분의 3
⑤ 지방자치단체의 장은 특별한 재정수요나 재해 등의 발생으로 재산세의 세율 조정이 불가피하다고 인정되는 경우 조례로 정하는 바에 따라 표준세율의 100분의 50의 범위에서 가감할 수 있다. 다만, 가감한 세율은 해당 연도에만 적용한다(지방세법 제111조 제3항).

07 지방세법상 재산세 표준세율이 초과누진세율로 되어 있는 재산세 과세대상을 모두 고른 것은?

• 30회 수정

> ㉠ 별도합산과세대상 토지
> ㉡ 분리과세대상 토지
> ㉢ 광역시(군지역은 제외) 지역에서 「국토의 계획 및 이용에 관한 법률」과 그 밖의 관계 법령에 따라 지정된 주거지역의 대통령령으로 정하는 공장용 건축물
> ㉣ 주택

① ㉠, ㉡
② ㉠, ㉢
③ ㉠, ㉣
④ ㉡, ㉢
⑤ ㉢, ㉣

키워드 재산세 세율

해설 ㉠ 별도합산과세대상 토지: 1천분의 2~1천분의 4(초과누진세율)

㉡ 분리과세대상 토지: 1천분의 0.7, 1천분의 2, 1천분의 40(비례세율)

㉢ 광역시(군지역은 제외) 지역에서 「국토의 계획 및 이용에 관한 법률」과 그 밖의 관계 법령에 따라 지정된 주거지역의 대통령령으로 정하는 공장용 건축물: 1천분의 5(비례세율)

㉣ 주택: 1천분의 1~1천분의 4 또는 1천분의 0.5~1천분의 3.5(초과누진세율)

이론플러스 1세대 1주택에 대한 특례세율

대통령령으로 정하는 1세대 1주택으로 시가표준액이 9억원 이하인 주택에 대해서는 다음의 세율을 적용한다.

과세표준	세율
6천만원 이하	1,000분의 0.5
6천만원 초과 1억 5천만원 이하	30,000원 + 6천만원 초과금액의 1,000분의 1
1억 5천만원 초과 3억원 이하	120,000원 + 1억 5천만원 초과금액의 1,000분의 2
3억원 초과	420,000원 + 3억원 초과금액의 1,000분의 3.5

정답 06 ⑤ 07 ③

08 지방세법상 재산세의 과세표준과 세율에 관한 설명으로 옳은 것을 모두 고른 것은? (단, 법령에 따른 재산세의 경감은 고려하지 않음)
• 31회

㉠ 지방자치단체의 장은 조례로 정하는 바에 따라 표준세율의 100분의 50의 범위에서 가감할 수 있으며, 가감한 세율은 해당 연도부터 3년간 적용한다.
㉡ 법령이 정한 고급오락장용 토지의 표준세율은 1천분의 40이다.
㉢ 주택의 과세표준은 법령에 따른 시가표준액에 공정시장가액비율(시가표준액의 100분의 60)을 곱하여 산정한 가액으로 한다.

① ㉠
② ㉢
③ ㉠, ㉡
④ ㉡, ㉢
⑤ ㉠, ㉡, ㉢

키워드 재산세 과세표준과 세율

해설 ㉠ 지방자치단체의 장은 조례로 정하는 바에 따라 표준세율의 100분의 50의 범위에서 가감할 수 있으며, 가감한 세율은 해당 연도에만 적용한다(지방세법 제111조 제3항).

제4절 재산세 비과세

09 지방세법상 재산세의 비과세대상이 <u>아닌</u> 것은? (단, 아래의 답지항별로 주어진 자료 외의 비과세요건은 충족된 것으로 가정함)
• 28회

① 임시로 사용하기 위하여 건축된 건축물로서 재산세 과세기준일 현재 1년 미만의 것
② 재산세를 부과하는 해당 연도에 철거하기로 계획이 확정되어 재산세 과세기준일 현재 행정관청으로부터 철거명령을 받은 주택과 그 부속토지인 대지
③ 농업용 구거와 자연유수의 배수처리에 제공하는 구거
④ 「군사기지 및 군사시설 보호법」에 따른 군사기지 및 군사시설 보호구역 중 통제보호구역에 있는 토지(전·답·과수원 및 대지는 제외)
⑤ 「도로법」에 따른 도로와 그 밖에 일반인의 자유로운 통행을 위하여 제공할 목적으로 개설한 사설도로(건축법 시행령 제80조의2에 따른 대지 안의 공지는 제외)

키워드 재산세 비과세대상

해설 재산세를 부과하는 해당 연도에 철거하기로 계획이 확정되어 재산세 과세기준일 현재 행정관청으로부터 철거명령을 받은 주택은 비과세이지만 부속토지인 대지는 과세한다(지방세법 제109조 제3항 제5호).

정답 08 ④ 09 ②

10 ㊥ 지방세법상 재산세 비과세대상에 해당하는 것은? (단, 주어진 조건 외에는 고려하지 않음)
• 30회

① 지방자치단체가 1년 이상 공용으로 사용하는 재산으로서 유료로 사용하는 재산
② 「한국농어촌공사 및 농지관리기금법」에 따라 설립된 한국농어촌공사가 같은 법에 따라 농가에 공급하기 위하여 소유하는 농지
③ 「공간정보의 구축 및 관리 등에 관한 법률」에 따른 제방으로서 특정인이 전용하는 제방
④ 「군사기지 및 군사시설 보호법」에 따른 군사기지 및 군사시설 보호구역 중 통제보호구역에 있는 전·답
⑤ 「산림자원의 조성 및 관리에 관한 법률」에 따라 지정된 채종림·시험림

키워드 재산세 비과세대상

해설 ① 지방자치단체가 1년 이상 공용으로 사용하는 재산으로서 유료로 사용하는 재산은 재산세를 부과한다(지방세법 제109조 제2항 제1호).
② 「한국농어촌공사 및 농지관리기금법」에 따라 설립된 한국농어촌공사가 같은 법에 따라 농가에 공급하기 위하여 소유하는 농지는 재산세 분리과세대상이다(지방세법 시행령 제102조 제1항 제2호 다목).
③ 「공간정보의 구축 및 관리 등에 관한 법률」에 따른 제방으로서 특정인이 전용하는 제방은 비과세하지 아니한다(지방세법 시행령 제108조 제1항 제3호).
④ 「군사기지 및 군사시설 보호법」에 따른 군사기지 및 군사시설 보호구역 중 통제보호구역에 있는 전·답은 비과세하지 아니한다(지방세법 시행령 제108조 제2항 제1호).
⑤ 「지방세법 시행령」 제108조 제2항 제2호

제5절 재산세 납세절차

11 지방세법령상 재산세의 부과·징수에 관한 설명으로 틀린 것은? • 34회

① 주택에 대한 재산세의 경우 해당 연도에 부과·징수할 세액의 2분의 1은 매년 7월 16일부터 7월 31일까지, 나머지 2분의 1은 9월 16일부터 9월 30일까지를 납기로 한다. 다만, 해당 연도에 부과할 세액이 20만원 이하인 경우에는 조례로 정하는 바에 따라 납기를 9월 16일부터 9월 30일까지로 하여 한꺼번에 부과·징수할 수 있다.
② 재산세는 관할 지방자치단체의 장이 세액을 산정하여 보통징수의 방법으로 부과·징수한다.
③ 재산세를 징수하려면 토지, 건축물, 주택, 선박 및 항공기로 구분한 납세고지서에 과세표준과 세액을 적어 늦어도 납기개시 5일 전까지 발급하여야 한다.
④ 재산세의 과세기준일은 매년 6월 1일로 한다.
⑤ 고지서 1장당 재산세로 징수할 세액이 2천원 미만인 경우에는 해당 재산세를 징수하지 아니한다.

키워드 재산세 납세절차

해설 주택에 대한 재산세의 경우 해당 연도에 부과·징수할 세액의 2분의 1은 매년 7월 16일부터 7월 31일까지, 나머지 2분의 1은 9월 16일부터 9월 30일까지를 납기로 한다. 다만, 해당 연도에 부과할 세액이 20만원 이하인 경우에는 조례로 정하는 바에 따라 납기를 7월 16일부터 7월 31일까지로 하여 한꺼번에 부과·징수할 수 있다(지방세법 제115조 제1항 제3호).

정답 10 ⑤ 11 ①

12 ⓒ 지방세법상 2025년도 귀속 재산세의 부과·징수에 관한 설명으로 틀린 것은? (단, 세액변경이나 수시부과사유는 없음)
• 29회 수정

① 토지분 재산세 납기는 매년 9월 16일부터 9월 30일까지이다.
② 선박분 재산세 납기는 매년 7월 16일부터 7월 31일까지이다.
③ 재산세를 징수하려면 재산세 납세고지서를 납기개시 5일 전까지 발급하여야 한다.
④ 주택분 재산세로서 해당 연도에 부과할 세액이 20만원 이하인 경우 9월 30일 납기로 한꺼번에 부과·징수한다.
⑤ 재산세를 물납하려는 자는 납부기한 10일 전까지 납세지를 관할하는 시장·군수·구청장에게 물납을 신청하여야 한다.

키워드 재산세 납부기간

해설 주택의 납기는 해당 연도에 부과·징수할 세액의 2분의 1은 매년 7월 16일부터 7월 31일까지, 나머지 2분의 1은 9월 16일부터 9월 30일까지이다. 다만, 해당 연도에 부과할 세액이 20만원 이하인 경우에는 조례로 정하는 바에 따라 납기를 7월 16일부터 7월 31일까지로 하여 한꺼번에 부과·징수할 수 있다(지방세법 제115조 제1항 제3호).

13 ⓒ 지방세법상 재산세의 부과·징수에 관한 설명으로 옳은 것은 모두 몇 개인가? (단, 비과세는 고려하지 않음)
• 31회 수정

- 재산세의 과세기준일은 매년 6월 1일로 한다.
- 토지의 재산세 납기는 매년 7월 16일부터 7월 31일까지이다.
- 지방자치단체의 장은 재산세의 납부할 세액이 500만원 이하인 경우 250만원을 초과하는 금액은 납부기한이 지난 날부터 3개월 이내 분할납부하게 할 수 있다.
- 재산세는 관할 지방자치단체의 장이 세액을 산정하여 특별징수의 방법으로 부과·징수한다.

① 0개
② 1개
③ 2개
④ 3개
⑤ 4개

키워드 재산세 부과·징수

해설
- 토지의 재산세 납기는 매년 9월 16일부터 9월 30일까지이다(지방세법 제115조 제1항 제1호).
- 재산세는 관할 지방자치단체의 장이 세액을 산정하여 보통징수의 방법으로 부과·징수한다(지방세법 제116조 제1항).

14 지방세법상 재산세의 물납에 관한 설명으로 틀린 것은?
• 28회

① 「지방세법」상 물납의 신청 및 허가 요건을 충족하고 재산세의 납부세액이 1천만원을 초과하는 경우 물납이 가능하다.
② 서울특별시 강남구와 경기도 성남시에 부동산을 소유하고 있는 자의 성남시 소재 부동산에 대하여 부과된 재산세의 물납은 성남시 내에 소재하는 부동산만 가능하다.
③ 물납허가를 받은 부동산을 행정안전부령으로 정하는 바에 따라 물납하였을 때에는 납부기한 내에 납부한 것으로 본다.
④ 물납하려는 자는 행정안전부령으로 정하는 서류를 갖추어 그 납부기한 10일 전까지 납세지를 관할하는 시장·군수·구청장에게 신청하여야 한다.
⑤ 물납신청 후 불허가 통지를 받은 경우에 해당 시·군·구의 다른 부동산으로의 변경신청은 허용되지 않으며 금전으로만 납부하여야 한다.

키워드 재산세 물납

해설 물납신청 후 불허가 통지를 받은 경우에 해당 시·군·구의 다른 부동산으로 변경신청하는 경우에는 변경하여 허가할 수 있다(지방세법 시행령 제114조 제2항).

정답 12 ④ 13 ③ 14 ⑤

15 지방세법령상 재산세의 물납에 관한 설명으로 옳은 것을 모두 고른 것은? • 35회

㉠ 지방자치단체의 장은 재산세의 납부세액이 1천만원을 초과하는 경우에는 납세의무자의 신청을 받아 해당 지방자치단체의 관할구역에 있는 부동산에 대하여만 대통령령으로 정하는 바에 따라 물납을 허가할 수 있다.
㉡ 시장·군수·구청장은 법령에 따라 불허가 통지를 받은 납세의무자가 그 통지를 받은 날부터 10일 이내에 해당 시·군·구의 관할구역에 있는 부동산으로서 관리·처분이 가능한 다른 부동산으로 변경신청하는 경우에는 변경하여 허가할 수 있다.
㉢ 물납을 허가하는 부동산의 가액은 물납 허가일 현재의 시가로 한다.

① ㉠ ② ㉢ ③ ㉠, ㉡
④ ㉡, ㉢ ⑤ ㉠, ㉡, ㉢

키워드 재산세 물납
해설 ㉢ 물납을 허가하는 부동산의 가액은 재산세 과세기준일 현재의 시가로 한다(지방세법 시행령 제115조 제1항).

제6절 재산세 과세대상 토지의 분류

16 지방세법상 토지에 대한 재산세를 부과함에 있어서 과세대상의 구분(종합합산과세대상, 별도합산과세대상, 분리과세대상)이 같은 것으로만 묶인 것은? • 25회

㉠ 1990년 5월 31일 이전부터 종중이 소유하고 있는 임야
㉡ 「체육시설의 설치·이용에 관한 법률 시행령」에 따른 골프장용 토지 중 원형이 보전되는 임야
㉢ 과세기준일 현재 계속 염전으로 실제 사용하고 있는 토지
㉣ 「도로교통법」에 따라 등록된 자동차운전학원의 자동차운전학원용 토지로서 같은 법에서 정하는 시설을 갖춘 구역 안의 토지

① ㉠, ㉡ ② ㉡, ㉢ ③ ㉡, ㉣
④ ㉠, ㉡, ㉢ ⑤ ㉠, ㉢, ㉣

> **키워드** 재산세 과세대상 토지의 분류
> **해설** ㉠㉢ 분리과세대상 토지이다.
> ㉡㉣ 별도합산과세대상 토지이다.

17 지방세법상 재산세 종합합산과세대상 토지는? • 29회 수정

① 「문화유산의 보존 및 활용에 관한 법률」에 따른 지정문화유산 안의 임야
② 국가가 국방상의 목적 외에는 그 사용 및 처분 등을 제한하는 공장 구내의 토지
③ 「건축법」 등 관계 법령에 따라 허가 등을 받아야 할 건축물로서 허가 등을 받지 아니한 공장용 건축물의 부속토지
④ 「자연공원법」에 따라 지정된 공원자연환경지구의 임야
⑤ 1989년 12월 31일 이전부터 소유한 「개발제한구역의 지정 및 관리에 관한 특별조치법」에 따른 개발제한구역의 임야

> **키워드** 재산세 과세대상 토지의 분류
> **해설** ①②④⑤ 분리과세대상 토지이다.
> ③ 무허가건축물의 부속토지는 종합합산과세대상이다.

정답 15 ③ 16 ③ 17 ③

제7절 재산세 종합문제

18 지방세법령상 재산세에 관한 설명으로 옳은 것은? (단, 주어진 조건 외에는 고려하지 않음)
중
• 35회

① 특별시 지역에서 「국토의 계획 및 이용에 관한 법률」에 따라 지정된 주거지역의 대통령령으로 정하는 공장용 건축물의 표준세율은 초과누진세율이다.
② 수탁자 명의로 등기·등록된 신탁재산의 수탁자는 과세기준일부터 15일 이내에 그 소재지를 관할하는 지방자치단체의 장에게 그 사실을 알 수 있는 증거자료를 갖추어 신고하여야 한다.
③ 주택의 토지와 건물소유자가 다를 경우 해당 주택에 대한 세율을 적용할 때 해당 주택의 토지와 건물의 가액을 소유자별로 구분계산한 과세표준에 세율을 적용한다.
④ 주택의 재산세로서 해당 연도에 부과할 세액이 20만원 이하인 경우에는 납기를 9월 16일부터 9월 30일까지로 하여 한꺼번에 부과·징수할 수 있다.
⑤ 지방자치단체의 장은 과세대상의 누락으로 이미 부과한 재산세액을 변경하여야 할 사유가 발생하여도 수시로 부과·징수할 수 없다.

키워드 재산세 종합문제

해설 ① 특별시 지역에서 「국토의 계획 및 이용에 관한 법률」에 따라 지정된 주거지역의 대통령령으로 정하는 공장용 건축물의 표준세율은 비례세율(1천분의 5)이다(지방세법 제111조 제1항 제2호 나목).
② 「지방세법」 제120조 제1항 제4호
③ 주택의 토지와 건물소유자가 다를 경우 해당 주택에 대한 세율을 적용할 때 해당 주택의 토지와 건물의 가액을 합산한 과세표준에 세율을 적용한다(지방세법 제113조 제3항).
④ 주택의 재산세로서 해당 연도에 부과할 세액이 20만원 이하인 경우에는 납기를 7월 16일부터 7월 31일까지로 하여 한꺼번에 부과·징수할 수 있다(지방세법 제115조 제1항 제3호).
⑤ 지방자치단체의 장은 과세대상의 누락으로 이미 부과한 재산세액을 변경하여야 할 사유가 발생하여도 수시로 부과·징수할 수 있다(지방세법 제115조 제2항).

19 지방세법상 2025년에 납세의무가 성립하는 재산세에 관한 설명으로 옳은 것은?

• 30회 수정

① 건축물에 대한 재산세의 납기는 매년 9월 16일에서 9월 30일이다.
② 재산세의 과세대상 물건이 공부상 등재현황과 사실상의 현황이 다른 경우에는 공부상 등재현황에 따라 재산세를 부과한다.
③ 주택에 대한 재산세는 납세의무자별로 해당 지방자치단체의 관할 구역에 있는 주택의 과세표준을 합산하여 주택의 세율을 적용한다.
④ 지방자치단체의 장은 재산세의 납부세액(재산세 도시지역분 포함)이 1천만원을 초과하는 경우에는 납세의무자의 신청을 받아 해당 지방자치단체의 관할 구역에 있는 부동산에 대하여만 대통령령으로 정하는 바에 따라 물납을 허가할 수 있다.
⑤ 주택에 대한 재산세의 과세표준은 시가표준액의 100분의 70으로 한다.

키워드 재산세 종합문제

해설 ① 건축물에 대한 재산세의 납기는 매년 7월 16일에서 7월 31일이다(지방세법 제115조 제1항 제2호).
② 재산세의 과세대상 물건이 토지대장, 건축물대장 등 공부상 등재되지 아니하였거나 공부상 등재현황과 사실상의 현황이 다른 경우에는 사실상의 현황에 따라 재산세를 부과한다. 다만, 재산세의 과세대상 물건을 공부상 등재현황과 달리 이용함으로써 재산세 부담이 낮아지는 경우 등 대통령령으로 정하는 경우에는 공부상 등재현황에 따라 재산세를 부과한다(지방세법 제106조 제3항).
③ 주택에 대한 재산세는 주택별로 세율을 적용한다(지방세법 제113조 제2항).
④ 「지방세법」 제117조
⑤ 주택에 대한 재산세의 과세표준은 시가표준액의 100분의 60으로 한다(지방세법 시행령 제109조 제2호).

정답 18 ② 19 ④

20 지방세법상 재산세에 관한 설명으로 **틀린** 것은? (단, 주어진 조건 외에는 고려하지 않음)

• 32회 수정

① 토지에 대한 재산세의 과세표준은 시가표준액에 공정시장가액비율(100분의 70)을 곱하여 산정한 가액으로 한다.
② 지방자치단체가 1년 이상 공용으로 사용하는 재산으로서 유료로 사용하는 경우에는 재산세를 부과한다.
③ 재산세 물납신청을 받은 시장·군수·구청장이 물납을 허가하는 경우 물납을 허가하는 부동산의 가액은 물납 허가일 현재의 시가로 한다.
④ 주택의 토지와 건물 소유자가 다를 경우 해당 주택에 대한 세율을 적용할 때 해당 주택의 토지와 건물의 가액을 합산한 과세표준에 주택의 세율을 적용한다.
⑤ 주택에 대해서는 세부담의 상한 규정을 적용하지 아니한다.

키워드 물납재산의 평가

해설 재산세 물납신청을 받은 시장·군수·구청장이 물납을 허가하는 경우 물납을 허가하는 부동산의 가액은 과세기준일 현재의 시가로 한다(지방세법 시행령 제115조 제1항).

21 지방세법상 재산세에 관한 설명으로 **틀린** 것은? (단, 주어진 조건 외에는 고려하지 않음)
• 33회

① 재산세 과세기준일 현재 공부상에 개인 등의 명의로 등재되어 있는 사실상의 종중재산으로서 종중소유임을 신고하지 아니하였을 때에는 공부상 소유자는 재산세를 납부할 의무가 있다.
② 지방자치단체가 1년 이상 공용으로 사용하는 재산에 대하여는 소유권의 유상이전을 약정한 경우로서 그 재산을 취득하기 전에 미리 사용하는 경우 재산세를 부과하지 아니한다.
③ 재산세 과세기준일 현재 소유권의 귀속이 분명하지 아니하여 사실상의 소유자를 확인할 수 없는 경우에는 그 사용자가 재산세를 납부할 의무가 있다.
④ 재산세의 납기는 토지의 경우 매년 9월 16일부터 9월 30일까지이며, 건축물의 경우 매년 7월 16일부터 7월 31일까지이다.
⑤ 재산세의 납기에도 불구하고 지방자치단체의 장은 과세대상 누락, 위법 또는 착오 등으로 인하여 이미 부과한 세액을 변경하거나 수시부과하여야 할 사유가 발생하면 수시로 부과·징수할 수 있다.

키워드 재산세 종합문제

해설 ① 재산세 과세기준일 현재 공부상에 개인 등의 명의로 등재되어 있는 사실상의 종중재산으로서 종중소유임을 신고하지 아니하였을 때에는 공부상 소유자는 재산세를 납부할 의무가 있다(지방세법 제107조 제2항 제3호).
② 국가, 지방자치단체 또는 지방자치단체조합이 1년 이상 공용 또는 공공용으로 사용(1년 이상 사용할 것이 계약서 등에 의하여 입증되는 경우를 포함한다)하는 재산에 대하여는 재산세를 부과하지 아니한다. 다만, 다음의 어느 하나에 해당하는 경우에는 재산세를 부과한다(지방세법 제109조 제2항).

> 1. 유료로 사용하는 경우
> 2. 소유권의 유상이전을 약정한 경우로서 그 재산을 취득하기 전에 미리 사용하는 경우

③ 재산세 과세기준일 현재 소유권의 귀속이 분명하지 아니하여 사실상의 소유자를 확인할 수 없는 경우에는 그 사용자가 재산세를 납부할 의무가 있다(지방세법 제107조 제3항).
④ 재산세의 납기는 토지의 경우 매년 9월 16일부터 9월 30일까지이며, 건축물의 경우 매년 7월 16일부터 7월 31일까지이다(지방세법 제115조 제1항).
⑤ 재산세의 납기에도 불구하고 지방자치단체의 장은 과세대상 누락, 위법 또는 착오 등으로 인하여 이미 부과한 세액을 변경하거나 수시부과하여야 할 사유가 발생하면 수시로 부과·징수할 수 있다(지방세법 제115조 제2항).

정답 20 ③ 21 ②

PART 3 국세

	3회독 체크
CHAPTER 01　종합부동산세	☐ ☐ ☐
CHAPTER 02　종합소득세	☐ ☐ ☐
CHAPTER 03　양도소득세	☐ ☐ ☐

각 단원의 회독 수를 체크해보세요.

48%
(약 7.6문제)

PART 3 최근 8개년 출제비중

제35회 출제경향

최근 1~2문제씩 출제되는 계산문제에 대한 난이도가 많이 올라갔습니다. 많은 분들이 학습 시 어려워하는 양도소득세는 학습 시 난도에 비해서는 평이한 문제가 주로 출제되었으며, 매년 5~6문제 정도 출제되는 중요한 세목입니다. 종합부동산세는 주택 부분 위주로, 양도소득세는 계산구조를 중심으로 전체적인 흐름에 중점을 두어 학습하시기 바랍니다.

8개년 회차별 출제빈도 분석표

회차	28회	29회	30회	31회	32회	33회	34회	35회	비중(%)
CHAPTER 01	1	1.5	1	1	2.5	2	2	2	21
CHAPTER 02	1			1		2	1	1	10
CHAPTER 03	5	5	5	5	7	5	5	5	69

* 복합문제이거나, 법률이 개정 및 제정된 경우 분류 기준에 따라 위 수치와 달라질 수 있습니다.

CHAPTER 01 종합부동산세

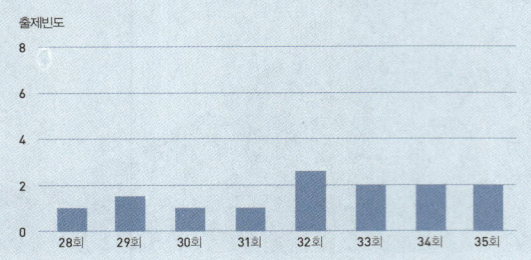

■ 8개년 출제 문항 수
총 16문제 中 평균 약 1.6문제 출제

■ 이 단원을 공략하고 싶다면?
과세대상, 납세의무자, 납세절차에 대해 정리하자

↳ 기본서 [부동산세법] pp. 200~221

대표기출 | 2023년 제34회 29번 문제 수정 | 난이도 중

종합부동산세법령상 주택의 과세표준 계산과 관련한 내용으로 **틀린** 것은? (단, 2025년 납세의무 성립분임)

① 대통령령으로 정하는 1세대 1주택자(공동명의 1주택자 제외)의 경우 주택에 대한 종합부동산세의 과세표준은 납세의무자별로 주택의 공시가격을 합산한 금액에서 12억원을 공제한 금액에 100분의 60을 곱한 금액으로 한다. 다만, 그 금액이 영보다 작은 경우에는 영으로 본다.
② 대통령령으로 정하는 다가구 임대주택으로서 임대기간, 주택의 수, 가격, 규모 등을 고려하여 대통령령으로 정하는 주택은 과세표준 합산의 대상이 되는 주택의 범위에 포함되지 아니하는 것으로 본다.
③ 1주택(주택의 부속토지만을 소유한 경우는 제외)과 다른 주택의 부속토지(주택의 건물과 부속토지의 소유자가 다른 경우의 그 부속토지)를 함께 소유하고 있는 경우는 1세대 1주택자로 본다.
④ 혼인으로 인한 1세대 2주택의 경우 납세의무자가 해당 연도 9월 16일부터 9월 30일까지 관할 세무서장에게 합산배제를 신청하면 1세대 1주택자로 본다.
⑤ 2주택을 소유하여 1천분의 27의 세율이 적용되는 법인의 경우 주택에 대한 종합부동산세의 과세표준은 납세의무자별로 주택의 공시가격을 합산한 금액에서 0원을 공제한 금액에 100분의 60을 곱한 금액으로 한다. 다만, 그 금액이 영보다 작은 경우에는 영으로 본다.

기출공략 [키워드] 주택분 종합소득세 과세표준

주택분 종합소득세 과세표준에 대해 숙지해야 합니다.

34회

종합부동산세법령상 주택의 과세표준 계산과 관련한 내용으로 틀린 것은? (단, 2025년 납세의무 성립분임) (④)

① 대통령령으로 정하는 1세대 1주택자(공동명의 1주택자 제외)의 경우 주택에 대한 종합부동산세의 과세표준은 납세의무자별로 주택의 공시가격을 합산한 금액에서 12억원을 공제한 금액에 100분의 60을 곱한 금액으로 한다. 다만, 그 금액이 영보다 작은 경우에는 영으로 본다. (O)

② 대통령령으로 정하는 다가구 임대주택으로서 임대기간, 주택의 수, 가격, 규모 등을 고려하여 대통령령으로 정하는 주택은 과세표준 합산의 대상이 되는 주택의 범위에 포함되지 아니하는 것으로 본다. (O)

③ 1주택(주택의 부속토지만을 소유한 경우는 제외)과 다른 주택의 부속토지(주택의 건물과 부속토지의 소유자가 다른 경우의 그 부속토지)를 함께 소유하고 있는 경우는 1세대 1주택자로 본다. (O)

④ 혼인으로 인한 1세대 2주택의 경우 납세의무자가 해당 연도 9월 16일부터 9월 30일까지 관할 세무서장에게 합산배제를 신청하면 1세대 1주택자로 본다. (×)

→ 혼인함으로써 1세대를 구성하는 경우에는 혼인한 날부터 10년 동안은 별도의 신청 없이 주택 또는 토지를 소유하는 자와 그 혼인한 자별로 각각 1세대로 본다.

⑤ 2주택을 소유하여 1천분의 27의 세율이 적용되는 법인의 경우 주택에 대한 종합부동산세의 과세표준은 납세의무자별로 주택의 공시가격을 합산한 금액에서 0원을 공제한 금액에 100분의 60을 곱한 금액으로 한다. 다만, 그 금액이 영보다 작은 경우에는 영으로 본다. (O)

이론플러스 「종합부동산세법」 제8조

> 「종합부동산세법」 제8조 【과세표준】 ④ 제1항을 적용할 때 다음 각 호의 어느 하나에 해당하는 경우에는 1세대 1주택자로 본다.
> 1. 1주택(주택의 부속토지만을 소유한 경우는 제외한다)과 다른 주택의 부속토지(주택의 건물과 부속토지의 소유자가 다른 경우의 그 부속토지를 말한다)를 함께 소유하고 있는 경우
> 2. 1세대 1주택자가 1주택을 양도하기 전에 다른 주택을 대체 취득하여 일시적으로 2주택이 된 경우로서 대통령령으로 정하는 경우
> 3. 1주택과 상속받은 주택으로서 대통령령으로 정하는 주택을 함께 소유하고 있는 경우
> 4. 1주택과 주택 소재 지역, 주택 가액 등을 고려하여 대통령령으로 정하는 지방 저가주택을 함께 소유하고 있는 경우
> ⑤ 제4항 제2호부터 제4호까지의 규정을 적용받으려는 납세의무자는 해당 연도 9월 16일부터 9월 30일까지 대통령령으로 정하는 바에 따라 관할 세무서장에게 신청하여야 한다.

제1절 종합부동산세 과세대상

01 종합부동산세의 과세기준일 현재 종합부동산세가 과세되지 <u>아니한</u> 것을 모두 고른 것은?
(단, 주어진 조건 외에는 고려하지 않음) • 26회 수정

> ㉠ 여객자동차운송사업 면허를 받은 자가 그 면허에 따라 사용하는 차고용 토지(자동차운송사업의 최저보유차고면적기준의 1.5배에 해당하는 면적 이내의 토지)의 공시가격이 100억원인 경우
> ㉡ 국내에 있는 부부공동명의(지분비율이 동일함)로 된 1세대 1주택의 공시가격이 10억원인 경우
> ㉢ 공장용 건축물
> ㉣ 회원제 골프장용 토지(회원제 골프장업의 등록 시 구분등록의 대상이 되는 토지)의 공시가격이 100억원인 경우

① ㉠, ㉡
② ㉢, ㉣
③ ㉠, ㉡, ㉢
④ ㉠, ㉢, ㉣
⑤ ㉡, ㉢, ㉣

키워드 종합부동산세 과세대상

해설 ㉠ 재산세 별도합산과세대상으로 공시가격 80억원을 초과하므로 과세대상이다.
㉡ 주택의 경우 소유자 각각 공시가격의 합계가 9억원을 초과하지 아니하므로 과세되지 아니한다.
㉢ 건축물은 과세되지 아니한다.
㉣ 재산세 분리과세대상 토지는 종합부동산세가 과세되지 아니한다.

이론플러스 종합부동산세 과세대상

1. 토지(재산세 분리과세대상 토지 제외)
   ① 재산세 별도합산과세대상 토지
   ② 재산세 종합합산과세대상 토지
2. 주택(부수토지를 포함)
   재산세 과세대상인 주택
3. 기타
   ① 건축물, 분리과세대상 토지는 과세대상이 아니다.
   ② 공시가격의 합계가 별도합산과세대상 토지는 80억원 초과, 종합합산과세대상 토지는 5억원 초과의 경우에만 납세의무가 있다.

③ 주택의 경우는 과세표준 계산 시 법인은 공제금액이 없지만 개인은 9억원(법정요건을 충족한 1세대 1주택의 경우 12억원)을 공제하므로 개인소유 주택의 공시가격의 합계가 9억원(또는 12억원) 이하의 경우는 과세되지 아니한다.

02 종합부동산세 과세대상인 것은?

• 23회 수정

① 법령이 정하는 회원제 골프장용 토지
② 관계 법령에 따른 사회복지사업자가 복지시설이 소비목적으로 사용할 수 있도록 하기 위하여 1990년 5월 1일부터 소유하는 농지
③ 상업용 건축물(오피스텔은 제외)
④ 공장용 건축물
⑤ 「건축법」 등 관계 법령에 따라 허가 등을 받아야 할 건축물로서 허가 등을 받지 아니한 건축물의 부수토지

키워드 종합부동산세 과세대상

해설 「건축법」 등 관계 법령에 따라 허가 등을 받아야 할 건축물로서 허가 등을 받지 아니한 건축물의 부수토지는 종합합산과세대상으로 종합부동산세 과세대상이 될 수 있다.

제2절　주택에 대한 종합부동산세

03 종합부동산세법령상 주택에 대한 과세에 관한 설명으로 옳은 것은? • 35회 수정

① 「신탁법」 제2조에 따른 수탁자의 명의로 등기된 신탁주택의 경우에는 수탁자가 종합부동산세를 납부할 의무가 있으며, 이 경우 수탁자가 신탁주택을 소유한 것으로 본다.
② 법인이 2주택을 소유한 경우 종합부동산세의 세율은 1천분의 50을 적용한다.
③ 거주자 甲이 2024년부터 보유한 3주택(주택 수 계산에서 제외되는 주택은 없음) 중 2주택을 2025.6.17.에 양도하고 동시에 소유권이전등기를 한 경우, 甲의 2025년도 주택분 종합부동산세액은 3주택 이상을 소유한 경우의 세율을 적용하여 계산한다.
④ 신탁주택의 수탁자가 종합부동산세를 체납한 경우 그 수탁자의 다른 재산에 대하여 강제징수하여도 징수할 금액에 미치지 못할 때에는 해당 주택의 위탁자가 종합부동산세를 납부할 의무가 있다.
⑤ 공동명의 1주택자인 경우 주택에 대한 종합부동산세의 과세표준은 주택의 시가를 합산한 금액에서 11억원을 공제한 금액에 100분의 50을 한도로 공정시장가액비율을 곱한 금액으로 한다.

키워드 주택에 대한 종합부동산세

해설 ① 「신탁법」 제2조에 따른 수탁자의 명의로 등기된 신탁주택의 경우에는 위탁자가 종합부동산세를 납부할 의무가 있으며, 이 경우 위탁자가 신탁주택을 소유한 것으로 본다(종합부동산세법 제7조 제2항).
② 법인(공익법인 등 제외)이 2주택을 소유한 경우 종합부동산세의 세율은 1천분의 27을 적용한다(종합부동산세법 제9조 제2항 제3호 가목).
③ 과세기준일(2025.6.1.) 현재는 3주택을 소유하고 있는 개인이기에 2025년도 주택분 종합부동산세액은 3주택 이상을 소유한 경우의 세율을 적용하여 계산한다.
④ 신탁주택의 위탁자가 종합부동산세를 체납한 경우 그 위탁자의 다른 재산에 대하여 강제징수하여도 징수할 금액에 미치지 못할 때에는 해당 주택의 수탁자가 신탁주택으로서 종합부동산세를 납부할 의무가 있다(종합부동산세법 제7조의2).
⑤ 공동명의 1주택자인 경우 주택에 대한 종합부동산세의 과세표준은 납세의무자별로 주택의 공시가격을 합산한 금액에서 9억원을 공제한 금액에 100분의 60부터 100분의 100까지의 범위에서 대통령령이 정하는 공정시장가액비율(2025년 100분의 60)을 곱한 금액으로 한다(종합부동산세법 제8조 제1항)(종합부동산세법 제10조의2의 요건 충족 시에는 1인을 납세의무자로 할 수 있다).

04 종합부동산세법상 1세대 1주택자에 관한 설명으로 옳은 것은?

• 32회 수정

① 과세기준일 현재 세대원 중 1인과 그 배우자만이 공동으로 1주택을 소유하고 해당 세대원 및 다른 세대원이 다른 주택을 소유하지 아니한 경우 신청하지 않더라도 공동명의 1주택자를 해당 1주택에 대한 납세의무자로 한다.
② 합산배제신고한 「근현대문화유산의 보존 및 활용어 관한 법률」에 따른 등록문화유산에 해당하는 주택은 1세대가 소유한 주택 수에서 제외한다.
③ 1세대가 일반주택과 합산배제 신고한 임대주택을 각각 1채씩 소유한 경우 해당 일반주택에 그 주택소유자가 실제 거주하지 않더라도 1세대 1주택자에 해당한다.
④ 1세대 1주택자는 주택의 공시가격을 합산한 금액어서 9억원을 공제한 금액에 공정시장가액비율을 곱한 금액을 과세표준으로 한다.
⑤ 1세대 1주택자에 대하여는 주택분 종합부동산세 산출세액에서 소유자의 연령과 주택 보유기간에 따른 공제액을 공제율 합계 100분의 70의 범위에서 중복하여 공제한다.

키워드 주택에 대한 종합부동산세

해설
① 과세기준일 현재 세대원 중 1인과 그 배우자만이 공동으로 1주택을 소유하고 해당 세대원 및 다른 세대원이 다른 주택을 소유하지 아니한 경우 9월 16일부터 9월 30일까지 신청한 경우 공동명의 1주택자를 해당 1주택에 대한 납세의무자로 한다(종합부동산세법 제10조의2 제1항·제2항).
③ 1세대가 일반주택과 합산배제 신고한 임대주택을 각각 1채씩 소유한 경우 해당 일반주택에 그 주택소유자가 과세기준일 현재 그 주택에 주민등록이 되어 있고 실제로 거주하고 있는 경우에 1세대 1주택자에 해당한다(종합부동산세법 시행령 제2조의3 제2항).
④ 1세대 1주택자는 주택의 공시가격을 합산한 금액에서 12억원을 공제한 금액에 공정시장가액비율을 곱한 금액을 과세표준으로 한다(종합부동산세법 제8조 제1항).
⑤ 1세대 1주택자에 대하여는 주택분 종합부동산세 산출세액에서 소유자의 연령과 주택 보유기간에 따른 공제액을 공제율 합계 100분의 80의 범위에서 중복하여 공제한다(종합부동산세법 제9조 제5항).

정답 03 ③ 04 ②

05 종합부동산세법상 주택에 대한 과세 및 납세지에 관한 설명으로 옳은 것은?

• 33회 수정

① 납세의무자가 법인(공익법인 등 제외)이며 3주택 이상을 소유한 경우 소유한 주택 수에 따라 과세표준에 1.2%~6%의 세율을 적용하여 계산한 금액을 주택분 종합부동산세액으로 한다.
② 납세의무자가 법인으로 보지 않는 단체인 경우 주택에 대한 종합부동산세 납세지는 해당 주택의 소재지로 한다.
③ 과세표준 합산의 대상에 포함되지 않는 주택을 보유한 납세의무자는 해당 연도 10월 16일부터 10월 31일까지 관할 세무서장에게 해당 주택의 보유현황을 신고하여야 한다.
④ 종합부동산세 과세대상 1세대 1주택자로서 과세기준일 현재 해당 주택을 12년 보유한 자의 보유기간별 세액공제에 적용되는 공제율은 100분의 50이다.
⑤ 과세기준일 현재 주택분 재산세의 납세의무자는 종합부동산세를 납부할 의무가 있다.

키워드 주택에 대한 종합부동산세

해설 ① 납세의무자가 법인 또는 법인으로 보는 단체인 경우(공익법인 등 제외) 과세표준에 다음에 따른 세율을 적용하여 계산한 금액을 주택분 종합부동산세액으로 한다(종합부동산세법 제9조 제2항).

> 1. 2주택 이하를 소유한 경우: 1천분의 27
> 2. 3주택 이상을 소유한 경우: 1천분의 50

② 종합부동산세의 납세의무자가 개인 또는 법인으로 보지 아니하는 단체인 경우에는 「소득세법」 제6조의 규정을 준용하여 납세지를 정한다(종합부동산세법 제4조 제1항).

> 「소득세법」 제6조 【납세지】 ① 거주자의 소득세 납세지는 그 주소지로 한다. 다만, 주소지가 없는 경우에는 그 거소지로 한다.
> ② 비거주자의 소득세 납세지는 제120조에 따른 국내사업장의 소재지로 한다. 다만, 국내사업장이 둘 이상 있는 경우에는 주된 국내사업장의 소재지로 하고, 국내사업장이 없는 경우에는 국내원천소득이 발생하는 장소로 한다.
> ③ 납세지가 불분명한 경우에는 대통령령으로 정하는 바에 따라 납세지를 결정한다.

③ 과세표준 합산의 대상에 포함되지 않는 주택을 보유한 납세의무자는 해당 연도 9월 16일부터 9월 30일까지 관할 세무서장에게 해당 주택의 보유현황을 신고하여야 한다(종합부동산세법 제8조 제5항).
④ 종합부동산세 과세대상 1세대 1주택자로서 과세기준일 현재 해당 주택을 12년 보유한 자의 보유기간별 세액공제에 적용되는 공제율은 100분의 40이다(종합부동산세법 제9조 제8항).
⑤ 「종합부동산세법」 제7조 제1항

제3절 토지에 대한 종합부동산세

06 2025년 귀속 토지분 종합부동산세에 관한 설명으로 옳은 것은? (단, 감면과 비과세와 지방세특례제한법 또는 조세특례제한법은 고려하지 않음) • 32회 수정

① 재산세 과세대상 중 분리과세대상 토지는 종합부동산세 과세대상이다.
② 종합부동산세의 분납은 허용되지 않는다.
③ 종합부동산세의 물납은 허용되지 않는다.
④ 납세자에게 부정행위가 없으며 특례제척기간에 해당하지 않는 경우 원칙적으로 납세의무 성립일부터 3년이 지나면 종합부동산세를 부과할 수 없다.
⑤ 별도합산과세대상인 토지의 재산세로 부과된 세액이 세부담 상한을 적용받는 경우 그 상한을 적용받기 전의 세액을 별도합산과세대상 토지분 종합부동산세액에서 공제한다.

키워드 토지에 대한 종합부동산세

해설 ① 재산세 과세대상 중 분리과세대상 토지는 종합부동산세 과세대상이 아니다(종합부동산세법 제12조).
② 관할 세무서장은 종합부동산세로 납부하여야 할 세액이 250만원을 초과하는 경우에는 대통령령으로 정하는 바에 따라 그 세액의 일부를 납부기한이 지난 날부터 6개월 이내에 분납하게 할 수 있다(종합부동산세법 제20조).
④ 납세자에게 부정행위가 없으며 특례제척기간에 해당하지 않는 경우 원칙적으로 납세의무 성립일부터 5년이 지나면 종합부동산세를 부과할 수 없다(국세기본법 제26조의2 제1항).
⑤ 별도합산과세대상인 토지의 과세표준 금액에 대하여 해당 과세대상 토지의 토지분 재산세로 부과된 세액(지방세법 제111조 제3항에 따라 가감조정된 세율이 적용된 경우에는 그 세율이 적용된 세액, 같은 법 제122조에 따라 세부담 상한을 적용받은 경우에는 그 상한을 적용받은 세액을 말한다)은 토지분 별도합산세액에서 이를 공제한다(종합부동산세법 제14조 제6항).

정답 05 ⑤ 06 ③

07 종합부동산세법령상 토지에 대한 과세에 관한 설명으로 옳은 것은?
• 35회

① 토지분 재산세의 납세의무자로서 종합합산과세대상 토지의 공시가격을 합한 금액이 5억원인 자는 종합부동산세를 납부할 의무가 있다.
② 토지분 재산세의 납세의무자로서 별도합산과세대상 토지의 공시가격을 합한 금액이 80억원인 자는 종합부동산세를 납부할 의무가 있다.
③ 토지에 대한 종합부동산세는 종합합산과세대상, 별도합산과세대상 그리고 분리과세대상으로 구분하여 과세한다.
④ 종합합산과세대상인 토지에 대한 종합부동산세의 과세표준은 해당 토지의 공시가격을 합산한 금액에서 5억원을 공제한 금액에 100분의 50을 한도로 공정시장가액비율을 곱한 금액으로 한다.
⑤ 별도합산과세대상인 토지의 과세표준 금액에 대하여 해당 과세대상 토지의 토지분 재산세로 부과된 세액(지방세법에 따라 가감조정된 세율이 적용된 경우에는 그 세율이 적용된 세액, 같은 법에 따라 세부담 상한을 적용받은 경우에는 그 상한을 적용받은 세액을 말한다)은 토지분 별도합산세액에서 이를 공제한다.

키워드 토지에 대한 종합부동산세

해설 ① 토지분 재산세의 납세의무자로서 종합합산과세대상 토지의 공시가격을 합한 금액이 5억원을 초과하는 자는 종합부동산세를 납부할 의무가 있다(종합부동산세법 제12조 제1항 제1호).
② 토지분 재산세의 납세의무자로서 별도합산과세대상 토지의 공시가격을 합한 금액이 80억원을 초과하는 자는 종합부동산세를 납부할 의무가 있다(종합부동산세법 제12조 제1항 제2호).
③ 토지에 대한 종합부동산세는 종합합산과세대상, 별도합산과세대상으로 구분하여 과세한다(종합부동산세법 제11조).
④ 종합합산과세대상인 토지에 대한 종합부동산세의 과세표준은 해당 토지의 공시가격을 합산한 금액에서 5억원을 공제한 금액에 100분의 60부터 100분의 100까지의 범위에서 대통령령으로 정하는 공정시장가액비율(2025년 100분의 100)을 곱한 금액으로 한다(종합부동산세법 제13조 제1항).
⑤ 「종합부동산세법」 제14조 제6항

제4절 종합부동산세 종합문제

08 종합부동산세에 관한 설명으로 틀린 것은? • 28회 수정

① 종합부동산세는 부과·징수가 원칙이며 납세의무자의 선택에 의하여 신고납부도 가능하다.
② 관할 세무서장이 종합부동산세를 징수하고자 하는 때에는 납세고지서에 주택 및 토지로 구분한 과세표준과 세액을 기재하여 납부기간 개시 5일 전까지 발부하여야 한다.
③ 개인소유 주택에 대한 세부담 상한의 기준이 되는 직전 연도에 해당 주택에 부과된 주택에 대한 총세액상당액은 납세의무자가 해당 연도의 과세표준합산주택을 직전 연도 과세기준일에 실제로 소유하였는지의 여부를 불문하고 직전 연도 과세기준일 현재 소유한 것으로 보아 계산한다.
④ 주택분 종합부동산세액에서 공제되는 재산세액은 재산세 표준세율의 100분의 50의 범위에서 가감된 세율이 적용된 경우에는 그 세율이 적용되기 전의 세액으로 하고, 재산세 세부담 상한을 적용받은 경우에는 그 상한을 적용받기 전의 세액으로 한다.
⑤ 과세기준일 현재 토지분 재산세의 납세의무자로서 국내에 소재하는 별도합산과세대상 토지의 공시가격을 합한 금액이 80억원을 초과하는 자는 토지에 대한 종합부동산세의 납세의무자이다.

키워드 종합부동산세 납세의무자 및 납세절차

해설 주택분 과세표준 금액에 대하여 해당 과세대상 주택의 주택분 재산세로 부과된 세액(지방세법 제111조 제3항에 따라 가감조정된 세율이 적용된 경우에는 그 세율이 적용된 세액, 같은 법 제122조에 따라 세부담 상한을 적용받은 경우에는 그 상한을 적용받은 세액을 말한다)은 주택분 종합부동산세액에서 이를 공제한다(종합부동산세법 제9조 제3항).

정답 07 ⑤ 08 ④

09 2025년 귀속 종합부동산세에 관한 설명으로 틀린 것은? • 29회 수정

① 과세대상 토지가 매매로 유상이전되는 경우로서 매매계약서 작성일이 2025년 6월 1일이고, 잔금지급 및 소유권이전등기일이 2025년 6월 29일인 경우, 종합부동산세의 납세의무자는 매도인이다.
② 납세의무자가 국내에 주소를 두고 있는 개인의 경우 납세지는 주소지이다.
③ 납세자에게 부정행위가 없으며 특례제척기간에 해당하지 않는 경우, 원칙적으로 납세의무 성립일부터 5년이 지나면 종합부동산세를 부과할 수 없다.
④ 납세의무자는 선택에 따라 신고·납부할 수 있으나, 신고를 함에 있어 납부세액을 과소하게 신고한 경우라도 과소신고가산세가 적용되지 않는다.
⑤ 종합부동산세는 물납이 허용되지 않는다.

키워드 종합부동산세 종합문제
해설 납세의무자는 선택에 따라 신고·납부할 수 있으나, 신고를 함에 있어 납부세액을 과소하게 신고한 경우에는 과소신고가산세가 적용될 수 있다.

10 거주자 甲은 A주택을 2024년 신축하여 직접 거주하고 있다. 甲이 A주택에 대하여 납부하게 되는 2025년 귀속 재산세와 종합부동산세에 관한 설명으로 틀린 것은? (단, 甲은 종합부동산세법상 납세의무자로서 만 61세이며 1세대 1주택자라 가정함) • 29회 수정

① 재산세 및 종합부동산세의 과세기준일은 매년 6월 1일이다.
② 甲의 고령자 세액공제액은 「종합부동산세법」에 따라 산출된 세액에 100분의 20을 곱한 금액으로 한다.
③ 7월 정기분 재산세 납부세액이 300만원인 경우, 50만원은 납부기한이 지난 날부터 3개월 이내에 분납할 수 있다.
④ 재산세 산출세액은 지방세법령에 따라 계산한 직전 연도 해당 재산에 대한 재산세액 상당액의 100분의 150에 해당하는 금액을 한도로 한다.
⑤ 만약 甲이 A주택을 「신탁법」에 따라 수탁자 명의로 신탁등기하는 경우라면, 위탁자인 甲을 재산세 납세의무자로 본다.

> **키워드** 재산세와 종합부동산세
>
> **해설** 주택에 대하여는 재산세 세부담의 상한 규정을 적용하지 아니한다(지방세법 제122조).

> 「지방세법」 제122조 【세부담의 상한】 해당 재산에 대한 재산세의 산출세액(제112조 제1항 각 호 및 같은 조 제2항에 따른 각각의 세액을 말한다)이 대통령령으로 정하는 방법에 따라 계산한 직전 연도의 해당 재산에 대한 재산세액 상당액의 100분의 150을 초과하는 경우에는 100분의 150에 해당하는 금액을 해당 연도에 징수할 세액으로 한다. 다만, 주택의 경우에는 적용하지 아니한다.

11 2025년 귀속 종합부동산세에 관한 설명으로 틀린 것은?

• 30회 수정

① 과세기준일 현재 토지분 재산세의 납세의무자로서 「자연공원법」에 따라 지정된 공원자연환경지구의 임야를 소유하는 자는 토지에 대한 종합부동산세를 납부할 의무가 있다.

② 주택분 종합부동산세 납세의무자가 1세대 1주택자에 해당하는 경우의 주택분 종합부동산세액 계산 시 연령에 따른 세액공제와 보유기간에 따른 세액공제는 공제율 합계 100분의 80의 범위에서 중복하여 적용할 수 있다.

③ 「근현대문화유산의 보존 및 활용에 관한 법률」에 따른 등록문화유산에 해당하는 주택은 과세표준 합산의 대상이 되는 주택의 범위에 포함되지 않는 것으로 본다.

④ 관할 세무서장은 종합부동산세로 납부하여야 할 세액이 400만원인 경우 최대 150만원의 세액을 납부기한이 지난 날부터 6개월 이내에 분납하게 할 수 있다.

⑤ 주택분 종합부동산세액을 계산할 때 1주택을 여러 사람이 공동으로 매수하여 소유한 경우 공동 소유자 각자가 그 주택을 소유한 것으로 본다.

> **키워드** 종합부동산세 종합문제
>
> **해설** 「자연공원법」에 따라 지정된 공원자연환경지구의 임야는 재산세 분리과세대상으로, 종합부동산세 과세대상이 아니다.

정답 09 ④ 10 ④ 11 ①

12 종합부동산세법상 종합부동산세에 관한 설명으로 틀린 것은? (단, 감면 및 비과세와 지방세특례제한법 또는 조세특례제한법은 고려하지 않음) • 31회

① 종합부동산세의 과세기준일은 매년 6월 1일로 한다.
② 종합부동산세의 납세의무자가 비거주자인 개인으로서 국내사업장이 없고 국내원천소득이 발생하지 아니하는 1주택을 소유한 경우 그 주택 소재지를 납세지로 정한다.
③ 과세기준일 현재 토지분 재산세의 납세의무자로서 국내에 소재하는 종합합산과세대상 토지의 공시가격을 합한 금액이 5억원을 초과하는 자는 해당 토지에 대한 종합부동산세를 납부할 의무가 있다.
④ 종합합산과세대상 토지의 재산세로 부과된 세액이 세부담 상한을 적용받는 경우 그 상한을 적용받기 전의 세액을 종합합산과세대상 토지분 종합부동산세액에서 공제한다.
⑤ 관할 세무서장은 종합부동산세를 징수하고자 하는 때에는 납세고지서에 주택 및 토지로 구분한 과세표준과 세액을 기재하여 납부기간 개시 5일 전까지 발부하여야 한다.

키워드 종합부동산세 종합문제

해설 종합합산과세대상인 토지의 과세표준 금액에 대하여 해당 과세대상 토지의 토지분 재산세로 부과된 세액(지방세법 제111조 제3항에 따라 가감조정된 세율이 적용된 경우에는 그 세율이 적용된 세액, 같은 법 제122조에 따라 세부담 상한을 적용받은 경우에는 그 상한을 적용받은 세액을 말한다)은 토지분 종합합산세액에서 이를 공제한다(종합부동산세법 제14조 제3항).

13. 종합부동산세법령상 종합부동산세의 부과·징수에 관한 내용으로 틀린 것은? • 34회

① 관할 세무서장은 납부하여야 할 종합부동산세의 세액을 결정하여 해당 연도 12월 1일부터 12월 15일까지 부과·징수한다.
② 종합부동산세를 신고납부방식으로 납부하고자 하는 납세의무자는 종합부동산세의 과세표준과 세액을 관할 세무서장이 결정하기 전인 해당 연도 11월 16일부터 11월 30일까지 관할 세무서장에게 신고하여야 한다.
③ 관할 세무서장은 종합부동산세로 납부하여야 할 세액이 250만원을 초과하는 경우에는 대통령령으로 정하는 바에 따라 그 세액의 일부를 납부기한이 지난 날부터 6개월 이내에 분납하게 할 수 있다.
④ 관할 세무서장은 납세의무자가 과세기준일 현재 1세대 1주택자가 아닌 경우 주택분 종합부동산세액의 납부유예를 허가할 수 없다.
⑤ 관할 세무서장은 주택분 종합부동산세액의 납부가 유예된 납세의무자가 해당 주택을 타인에게 양도하거나 증여하는 경우에는 그 납부유예 허가를 취소하여야 한다.

키워드 종합부동산세 부과·징수

해설 종합부동산세를 신고납부방식으로 납부하고자 하는 납세의무자는 종합부동산세의 과세표준과 세액을 해당 연도 12월 1일부터 12월 15일까지 대통령령으로 정하는 바에 따라 관할 세무서장에게 신고하여야 한다. 이 경우 관할 세무서장의 결정은 없었던 것으로 본다(종합부동산세법 제16조 제3항).

정답 12 ④ 13 ②

14 ⓒ

거주자인 개인 甲은 국내에 주택 2채(다가구주택 아님) 및 상가건물 1채를 각각 보유하고 있다. 甲의 2025년 귀속 재산세 및 종합부동산세에 관한 설명으로 **틀린** 것은? (단, 甲의 주택은 종합부동산세법상 합산배제주택에 해당하지 아니하며, 지방세관계법상 재산세 특례 및 감면은 없음)

• 32회 수정

① 甲의 주택에 대한 재산세는 주택별로 표준세율을 적용한다.
② 甲의 상가건물에 대한 재산세는 시가표준액에 법령이 정하는 공정시장가액비율을 곱하여 산정한 가액을 과세표준으로 하여 비례세율로 과세한다.
③ 甲의 주택분 종합부동산세액의 결정세액은 주택분 종합부동산세액에서 '(주택의 공시가격 합산액 − 9억원) × 종합부동산세 공정시장가액비율 × 재산세 표준세율'의 산식에 따라 산정한 재산세액을 공제하여 계산한다.
④ 甲의 상가건물에 대해서는 종합부동산세를 과세하지 아니한다.
⑤ 甲의 주택에 대한 종합부동산세는 甲이 보유한 주택의 공시가격을 합산한 금액에서 9억원을 공제한 금액에 공정시장가액비율을 곱한 금액(영보다 작은 경우는 영)을 과세표준으로 하여 누진세율로 과세한다.

키워드 재산세와 종합부동산세

해설 甲의 주택분 종합부동산세액의 결정세액은 주택분 종합부동산세액에서 다음의 산식에 따라 산정한 재산세액을 공제하여 계산한다(종합부동산세법 시행령 제4조의3 제1항).

| 「지방세법」 제112조 제1항 제1호에 따라 주택분 재산세로 부과된 세액의 합계액 | × | (법 제8조 제1항에 따른 주택분 종합부동산세의 과세표준 × 지방세법 시행령 제109조 제2호에 따른 공정시장가액비율) × 「지방세법」 제111조 제1항 제3호에 따른 표준세율 ÷ 주택을 합산하여 주택분 재산세 표준세율로 계산한 재산세 상당액 |

15 종합부동산세법상 토지 및 주택에 대한 과세와 부과·징수에 관한 설명으로 옳은 것은?

• 33회

① 종합합산과세대상인 토지에 대한 종합부동산세의 세액은 과세표준에 1%~5%의 세율을 적용하여 계산한 금액으로 한다.
② 종합부동산세로 납부해야 할 세액이 200만원인 경우 관할 세무서장은 그 세액의 일부를 납부기한이 지난 날부터 6개월 이내에 분납하게 할 수 있다.
③ 관할 세무서장이 종합부동산세를 징수하려면 납부기간 개시 5일 전까지 주택분과 토지분을 합산한 과세표준과 세액을 납부고지서에 기재하여 발급하여야 한다.
④ 종합부동산세를 신고납부방식으로 납부하고자 하는 납세의무자는 종합부동산세의 과세표준과 세액을 해당 연도 12월 1일부터 12월 15일까지 관할 세무서장에게 신고하여야 한다.
⑤ 별도합산과세대상인 토지에 대한 종합부동산세의 세액은 과세표준에 0.5%~0.8%의 세율을 적용하여 계산한 금액으로 한다.

키워드 종합부동산세 종합문제

해설
① 종합합산과세대상인 토지에 대한 종합부동산세의 세액은 과세표준에 1%~3%의 세율을 적용하여 계산한 금액으로 한다(종합부동산세법 제14조 제1항).
② 관할 세무서장은 종합부동산세로 납부하여야 할 세액이 250만원을 초과하는 경우에는 대통령령으로 정하는 바에 따라 그 세액의 일부를 납부기한이 지난 날부터 6개월 이내에 분납하게 할 수 있다(종합부동산세법 제20조).
③ 관할 세무서장은 종합부동산세를 징수하려면 납부고지서에 주택 및 토지로 구분한 과세표준과 세액을 기재하여 납부기간 개시 5일 전까지 발급하여야 한다(종합부동산세법 제16조 제2항).
④ 종합부동산세를 신고납부방식으로 납부하고자 하는 납세의무자는 종합부동산세의 과세표준과 세액을 해당 연도 12월 1일부터 12월 15일까지 관할 세무서장에게 신고하여야 한다(종합부동산세법 제16조 제3항).
⑤ 별도합산과세대상인 토지에 대한 종합부동산세의 세액은 과세표준에 0.5%~0.7%의 세율을 적용하여 계산한 금액으로 한다(종합부동산세법 제14조 제4항).

정답 14 ③ 15 ④

CHAPTER 02 종합소득세

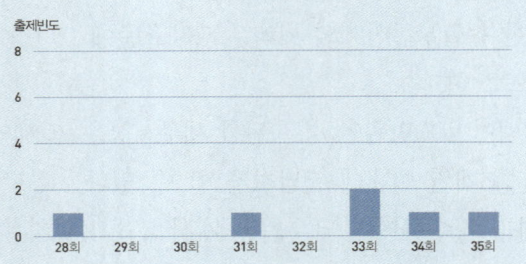

■ 8개년 출제 문항 수
총 16문제 中 평균 약 0.8문제 출제

■ 이 단원을 공략하고 싶다면?
부동산임대소득에 대해 이해하자

↳ 기본서 [부동산세법] pp. 222~235

대표기출 | 2022년 제33회 31번 문제 수정 | 난이도 상

다음은 거주자 甲이 소유하고 있는 상가건물 임대에 관한 자료이다. 부동산임대업의 사업소득을 장부에 기장하여 신고하는 경우 2025년도 부동산임대업의 총수입금액은? (단, 법령에 따른 적격증명서류를 수취·보관하고 있으며, 주어진 조건 이외에는 고려하지 않음)

- 임대기간: 2025.1.1.~2026.12.31.
- 임대계약 내용: 월임대료 1,000,000원
  임대보증금 500,000,000원
- 임대부동산(취득일자: 2024.1.23.)
  - 건물 취득가액: 200,000,000원
  - 토지 취득가액: 300,000,000원
- 기획재정부령으로 정하는 이자율: 연 6%
- 임대보증금 운용수익: 수입이자 1,000,000원
  유가증권처분이익 2,000,000원

① 18,000,000원
② 29,000,000원
③ 30,000,000원
④ 39,000,000원
⑤ 40,000,000원

기출공략 [키워드] 부동산임대소득

부동산임대업에 따른 총수입금액계산 방법을 숙지해야 합니다.

33회, 34회

다음은 거주자 甲이 소유하고 있는 상가건물 임대에 관한 자료이다. 부동산임대업의 사업소득을 장부에 기장하여 신고하는 경우 2025년도 부동산임대업의 총수입금액은? (단, 법령에 따른 적격증명서류를 수취·보관하고 있으며, 주어진 조건 이외에는 고려하지 않음) (②)

- 임대기간: 2025.1.1.~2026.12.31.
- 임대계약 내용: 월임대료 1,000,000원
  임대보증금 500,000,000원
- 임대부동산(취득일자: 2024.1.23.)
  - 건물 취득가액: 200,000,000원
  - 토지 취득가액: 300,000,000원
- 기획재정부령으로 정하는 이자율: 연 6%
- 임대보증금 운용수익: 수입이자 1,000,000원
  유가증권처분이익 2,000,000원

① 18,000,000원 (✕)
② 29,000,000원 (○)
③ 30,000,000원 (✕)
④ 39,000,000원 (✕)
⑤ 40,000,000원 (✕)

해설
1. 임대료수입: 1,000,000 × 12개월(2025.1.1.~2025.12.31.) = 12,000,000원
2. 간주임대료수입: [(5억원 × 365) − (2억원 × 365)] × 1/365 × 6%
   − 수입이자 1,000,000원 = 17,000,000원
3. 임대료수입 + 간주임대료수입: 29,000,000원

* 간주임대료 계산 시 임대용 부동산의 건설비상당액의 적수를 차감하는데 이는 임대용 부동산의 매입, 건설비(토지가액은 제외)를 말한다(소득세법 시행령 제53조 제5항 제2호).
* 유가증권처분이익은 해당 임대사업부분에서 발생한 수입이자와 할인료 및 배당금에 해당하지 아니하므로 보증금등에 세율을 곱한 금액에서 차감하지 아니한다.

이론플러스 총수입금액의 계산

다음 금액의 합계액으로 한다.
1. 임대료
   해당 과세기간에 수입하였거나 수입할 금액의 합계액으로 한다.
2. 관리비
   관리비 중 전기료, 수도료 등의 공공요금의 명목으로 징수한 금액이 포함되어 있는 경우에는 공공요금 납입액을 초과하는 금액만 총수입금액에 포함한다.

3. 간주임대료
   일반적인 간주임대료(주택임대 외) 계산식은 다음과 같다.

   > (해당 과세기간의 보증금등의 적수 – 임대용 부동산의 건설비 상당액의 적수) × 1/365(윤년의 경우에는 366) × 정기예금이자율 – 해당 과세기간의 해당 임대사업부분에서 발생한 수입이자와 할인료 및 배당금의 합계액

   단, 주택을 대여하고 보증금등을 받은 경우에는 3주택[주거의 용도로만 쓰이는 면적이 1호(戶) 또는 1세대당 40m² 이하인 주택으로서 해당 과세기간의 기준시가가 2억원 이하인 주택은 2026년 12월 31일까지는 주택 수에 포함하지 아니한다] 이상을 소유하고 해당 주택의 보증금등의 합계액이 3억원을 초과하는 경우를 말하며, 주택 수의 계산 그 밖에 필요한 사항은 대통령령으로 정한다.

4. 보험차익
   사업과 관련하여 해당 사업용 자산의 손실로 취득하는 보험차익은 총수입금액에 포함한다.

01 상

소득세법상 거주자가 국내 소재 부동산 등을 임대하여 발생하는 소득에 관한 설명으로 틀린 것은?
• 28회 수정

① 지상권의 대여로 인한 소득은 부동산임대업에서 발생한 소득에 포함된다.
② 부동산임대업에서 발생한 소득은 사업소득에 해당한다.
③ 주거용 건물 임대업에서 발생한 결손금은 종합소득과세표준을 계산할 때 공제한다.
④ 부부가 각각 주택을 1채씩 보유한 상태에서 그중 1주택을 임대하고 연간 1,800만원의 임대료를 받았을 경우 주택임대에 따른 소득세가 분리과세될 수 있다.
⑤ 임대보증금의 간주임대료를 계산하는 과정에서 금융수익을 차감할 때 그 금융수익은 수입이자와 할인료, 수입배당금, 유가증권처분이익으로 한다.

키워드 부동산임대소득
해설 임대보증금의 간주임대료를 계산하는 과정에서 금융수익을 차감할 때 그 금융수익은 수입이자와 할인료 및 배당금의 합계액이다(소득세법 시행령 제53조 제3항).

02 소득세법상 거주자의 부동산과 관련된 사업소득에 관한 설명으로 옳은 것은? • 31회
중

① 국외에 소재하는 주택의 임대소득은 주택 수에 관계없이 과세하지 아니한다.
② 「공익사업을 위한 토지 등의 취득 및 보상에 관한 법률」에 따른 공익사업과 관련하여 지역권을 대여함으로써 발생하는 소득은 부동산업에서 발생하는 소득으로 한다.
③ 부동산임대업에서 발생하는 사업소득의 납세지는 부동산 소재지로 한다.
④ 국내에 소재하는 논·밭을 작물 생산에 이용하게 함으로써 발생하는 사업소득은 소득세를 과세하지 아니한다.
⑤ 주거용 건물임대업에서 발생한 결손금은 종합소득과세표준을 계산할 때 공제하지 아니한다.

키워드 부동산임대소득

해설 ① 국외에 소재하는 주택의 임대소득은 주택 수에 관계없이 과세할 수 있다.
② 「공익사업을 위한 토지 등의 취득 및 보상에 관한 법률」에 따른 공익사업과 관련하여 지역권을 대여함으로써 발생하는 소득은 기타소득으로 과세한다.
③ 부동산임대업에서 발생하는 사업소득의 납세지는 주소지 또는 거소지로 한다.
⑤ 주거용 건물임대업에서 발생한 결손금은 종합소득과세표준을 계산할 때 공제할 수 있다.

정답 01 ⑤ 02 ④

03 소득세법상 부동산임대업에서 발생한 소득에 관한 설명으로 틀린 것은? •33회

① 해당 과세기간의 주거용 건물임대업을 제외한 부동산임대업에서 발생한 결손금은 그 과세기간의 종합소득과세표준을 계산할 때 공제하지 않는다.
② 사업소득에 부동산임대업에서 발생한 소득이 포함되어 있는 사업자는 그 소득별로 구분하여 회계처리하여야 한다.
③ 3주택(주택 수에 포함되지 않는 주택 제외) 이상을 소유한 거주자가 주택과 주택부수토지를 임대(주택부수토지만 임대하는 경우 제외)한 경우에는 법령으로 정하는 바에 따라 계산한 금액(간주임대료)을 총수입금액에 산입한다.
④ 간주임대료 계산 시 3주택 이상 여부 판정에 있어 주택 수에 포함되지 않는 주택이란 주거의 용도로만 쓰이는 면적이 1호 또는 1세대당 $40m^2$ 이하인 주택으로서 해당 과세기간의 기준시가가 2억원 이하인 주택을 말한다.
⑤ 해당 과세기간에 분리과세 주택임대소득이 있는 거주자(종합소득과세표준이 없거나 결손금이 있는 거주자 포함)는 그 종합소득과세표준을 그 과세기간의 다음 연도 5월 1일부터 5월 31일까지 신고하여야 한다.

키워드 부동산임대소득

해설
① 부동산임대업에서 발생한 결손금은 종합소득과세표준을 계산할 때 공제하지 아니한다. 다만, 주거용 건물임대업의 경우에는 그러하지 아니하다(소득세법 제45조 제2항).
② 부동산임대업(주거용 건물임대업 제외)에서 발생한 결손금은 종합소득과세표준을 계산할 때 공제할 수 없으며 다음 과세기간으로 이월한다. 그러므로 사업소득에 부동산임대업에서 발생한 소득이 포함되어 있는 사업자는 그 소득별로 구분하여 회계처리하여야 하며 부동산임대업에서 발생한 이월결손금은 부동산임대업의 소득금액에서 공제한다(소득세법 제45조 제2항·제3항, 제160조 제4항).
③④ 거주자가 부동산 또는 그 부동산상의 권리 등을 대여하고 보증금·전세금 또는 이와 유사한 성질의 금액(보증금등)을 받은 경우에는 대통령령으로 정하는 바에 따라 계산한 금액을 사업소득금액을 계산할 때에 총수입금액에 산입(算入)한다. 다만, 주택[주거의 용도로만 쓰이는 면적이 1호(戶) 또는 1세대당 $40m^2$ 이하인 주택으로서 해당 과세기간의 기준시가가 2억원 이하인 주택은 2026년 12월 31일까지는 주택 수에 포함하지 아니한다]를 대여하고 보증금등을 받은 경우에는 다음의 어느 하나에 해당하는 경우를 말하며, 주택 수의 계산 그 밖에 필요한 사항은 대통령령으로 정한다(소득세법 제25조 제1항).

> 1. 3주택 이상을 소유하고 해당 주택의 보증금등의 합계액이 3억원을 초과하는 경우
> 2. 2주택(해당 과세기간의 기준시가가 12억원 이하인 주택은 주택 수에 포함하지 아니한다)을 소유하고 해당 주택의 보증금등의 합계액이 3억원 이상의 금액으로서 대통령령으로 정하는 금액을 초과하는 경우

⑤ 해당 과세기간에 분리과세 주택임대소득이 있는 거주자(종합소득과세표준이 없거나 결손금이 있는 거주자 포함)는 그 종합소득과세표준을 그 과세기간의 다음 연도 5월 1일부터 5월 31일까지 신고하여야 한다(소득세법 제70조 제2항).

04 중

소득세법령상 거주자의 부동산과 관련된 사업소득에 관한 설명으로 옳은 것은? • 35회

① 해당 과세기간의 종합소득금액이 있는 거주자(종합소득과세표준이 없거나 결손금이 있는 거주자를 포함한다)는 그 종합소득 과세표준을 그 과세기간의 다음 연도 5월 1일부터 5월 31일까지 대통령령으로 정하는 바에 따라 납세지 관할 세무서장에게 신고하여야 하며, 해당 과세기간에 분리과세 주택임대소득이 있는 경우에도 이를 적용한다.
② 공장재단을 대여하는 사업은 부동산임대업에 해당되지 않는다.
③ 해당 과세기간의 주거용 건물임대업을 제외한 부동산임대업에서 발생한 결손금은 그 과세기간의 종합소득 과세표준을 계산할 때 공제한다.
④ 「공익사업을 위한 토지 등의 취득 및 보상에 관한 법률」 제4조에 따른 공익사업과 관련하여 지역권을 설정함으로써 발생하는 소득은 부동산업에서 발생하는 소득에 해당한다.
⑤ 사업소득에 부동산임대업에서 발생한 소득이 포함되어 있는 사업자는 그 소득별로 구분하지 않고 회계처리하여야 한다.

키워드 부동산임대소득

해설 ① 「소득세법」 제70조 제1항·제2항
② 공장재단을 대여하는 사업은 부동산임대업에 해당한다(소득세법 제45조 제2항).
③ 해당 과세기간의 주거용 건물임대업을 제외한 부동산임대업에서 발생한 결손금은 그 과세기간의 종합소득 과세표준을 계산할 때 공제하지 아니한다(소득세법 제45조 제2항).
④ 「공익사업을 위한 토지 등의 취득 및 보상에 관한 법률」 제4조에 따른 공익사업과 관련하여 지역권을 설정함으로써 발생하는 소득은 부동산업에서 발생하는 소득에 해당하지 아니한다(소득세법 제19조 제1항 제12호).
⑤ 사업소득에 부동산임대업에서 발생한 소득이 포함되어 있는 사업자는 그 소득별로 구분하여 회계처리하여야 한다(소득세법 제160조 제4항).

정답 03 ③ 04 ①

05 상

주택임대사업자인 거주자 甲의 국내주택 임대현황(A, B, C 각 주택의 임대기간: 2025. 1.1.~2025.12.31.)을 참고하여 계산한 주택임대에 따른 2025년 귀속 사업소득의 총수입금액은? (단, 법령에 따른 적격증명서류를 수취·보관하고 있고, 기획재정부령으로 정하는 이자율은 연 4%로 가정하며 주어진 조건 이외에는 고려하지 않음) • 34회 수정

구분(주거전용면적)	보증금	월세*	기준시가
A주택(85m²)	3억원	5십만원	5억원
B주택(40m²)	1억원	-	2억원
C주택(109m²)	5억원	1백만원	7억원

* 월세는 매월 수령하기로 약정한 금액임

① 0원
② 16,800,000원
③ 18,000,000원
④ 32,400,000원
⑤ 54,000,000원

키워드 주택임대에 따른 종합소득세

해설 소형주택은 주택 수에서 제외하므로 2주택자이다. 따라서 임대료부분에 대해서만 총수입금액에 산입한다. 그러므로 총수입금 = 150만원 × 12개월 = 18,000,000원이 된다.

> 「소득세법」 제24조 【총수입금액의 계산】 ① 거주자의 각 소득에 대한 총수입금액(총급여액과 총연금액을 포함한다)은 해당 과세기간에 수입하였거나 수입할 금액의 합계액으로 한다.
>
> 「소득세법」 제25조 【총수입금액 계산의 특례】 ① 거주자가 부동산 또는 그 부동산상의 권리 등을 대여하고 보증금·전세금 또는 이와 유사한 성질의 금액(이하 '보증금등'이라 한다)을 받은 경우에는 대통령령으로 정하는 바에 따라 계산한 금액을 사업소득금액을 계산할 때에 총수입금액에 산입(算入)한다. 다만, 주택을 대여하고 보증금등을 받은 경우에는 3주택[주거의 용도로만 쓰이는 면적이 1호(戶) 또는 1세대당 40제곱미터 이하인 주택으로서 해당 과세기간의 기준시가가 2억원 이하인 주택은 2026년 12월 31일까지는 주택 수에 포함하지 아니한다] 이상을 소유하고 해당 주택의 보증금등의 합계액이 3억원을 초과하는 경우를 말하며, 주택 수의 계산 그 밖에 필요한 사항은 대통령령으로 정한다.

정답 05 ③

CHAPTER 03 양도소득세

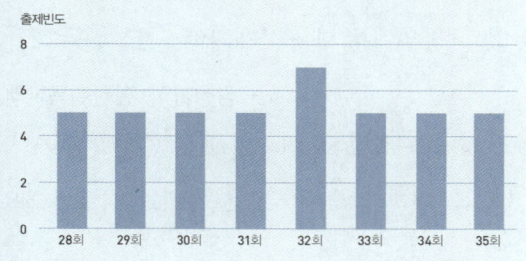

▌8개년 출제 문항 수
총 16문제 中 평균 약 5.2문제 출제

▌이 단원을 공략하고 싶다면?
과세대상, 양도의 개념, 비과세, 납세절차, 국외자산에 대한 양도소득세 이론을 정리하자

↳ 기본서 [부동산세법] pp. 236~300

대표기출 | 2015년 제26회 A형 72번 문제 수정 | 난이도 하

2013년 취득 후 등기한 토지를 2025년 10월 15일에 양도한 경우, 소득세법상 토지의 양도차익계산에 관한 설명으로 틀린 것은? (단, 특수관계자와의 거래가 아님)

① 취득 당시 실지거래가액을 확인할 수 없는 경우에는 매매사례가액, 환산취득가액, 감정가액, 기준시가를 순차로 적용하여 산정한 가액을 취득가액으로 한다.
② 양도와 취득 시의 실지거래가액을 확인할 수 있는 경우에는 양도가액과 취득가액을 실지거래가액으로 산정한다.
③ 취득가액을 실지거래가액으로 계산하는 경우 자본적 지출액은 필요경비에 포함된다.
④ 취득가액을 매매사례가액으로 계산하는 경우 취득 당시 개별공시지가에 3/100을 곱한 금액이 필요경비에 포함된다.
⑤ 양도가액을 기준시가에 따를 때에는 취득가액도 기준시가에 따른다.

기출공략 [키워드] 양도차익의 계산

양도차익계산방법에 대해 숙지해야 합니다.

28회, 31회, 32회, 33회

2013년 취득 후 등기한 토지를 2025년 10월 15일에 양도한 경우, 소득세법상 토지의 양도차익계산에 관한 설명으로 **틀린** 것은? (단, 특수관계자와의 거래가 아님) (①)

① 취득 당시 실지거래가액을 확인할 수 없는 경우에는 매매사례가액, ~~환산취득가액~~

→ 감정가액, 환산취득가액

~~감정가액~~, 기준시가를 순차로 적용하여 산정한 가액을 취득가액으로 한다. (×)

② 양도와 취득 시의 실지거래가액을 확인할 수 있는 경우에는 양도가액과 취득가액을 실지거래가액으로 산정한다. (○)

③ 취득가액을 실지거래가액으로 계산하는 경우 자본적 지출액은 필요경비에 포함된다. (○)

④ 취득가액을 매매사례가액으로 계산하는 경우 취득 당시 개별공시지가에 3/100을 곱한 금액이 필요경비에 포함된다. (○)

⑤ 양도가액을 기준시가에 따를 때에는 취득가액도 기준시가에 따른다. (○)

이론플러스 **양도차익의 계산구조**

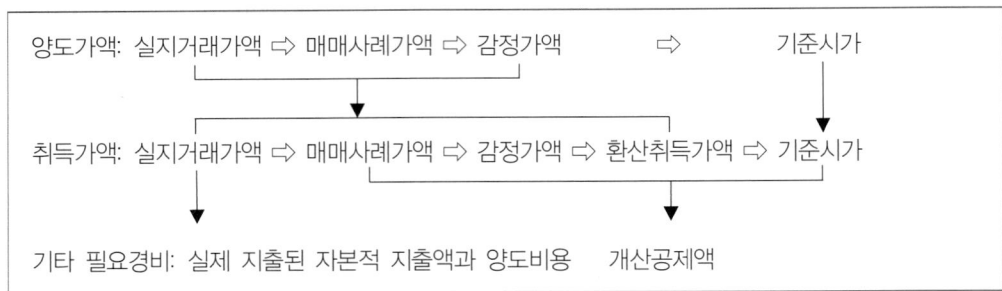

1. 양도가액을 우선 결정하고 취득가액, 기타 필요경비 순으로 결정한다.
2. 먼저 있는 가액부터 적용한다(즉, 실지거래가액이 확인되는데 매매사례가액을 적용할 수 없다).
3. 취득가액을 실지거래가액으로 적용하는 경우에만 기타 필요경비를 실제 지출된 금액으로 적용할 수 있다(나머지 경우에는 전부 개산공제액을 적용한다).

제1절 양도소득세 과세대상

01 소득세법령상 다음의 국내자산 중 양도소득세 과세대상에 해당하는 것을 모두 고른 것은?
(단, 비과세와 감면은 고려하지 않음) • 35회

> ㉠ 토지 및 건물과 함께 양도하는 「개발제한구역의 지정 및 관리에 관한 특별조치법」에 따른 이축권(해당 이축권 가액을 대통령령으로 정하는 방법에 따라 별도로 평가하여 신고하지 않음)
> ㉡ 조합원입주권
> ㉢ 지역권
> ㉣ 부동산매매계약을 체결한 자가 계약금만 지급한 상태에서 양도하는 권리

① ㉠, ㉢
② ㉡, ㉣
③ ㉠, ㉡, ㉣
④ ㉡, ㉢, ㉣
⑤ ㉠, ㉡, ㉢, ㉣

키워드 양도소득세 과세대상

해설 ㉢ 지역권은 과세대상에 해당하지 않는다(소득세법 제94조).

이론플러스 양도소득세 과세대상

> 양도소득은 개인이 토지, 건물 등 「소득세법」에 열거된 국내 및 국외자산을 일시적으로 양도함으로써 발생하는 소득을 말한다.
> 1. 부동산(토지, 건물)
> 2. 부동산에 관한 권리
>   ① 부동산을 사용할 수 있는 권리: 전세권, 지상권, 등기된 임차권(국내)
>   ② 부동산을 취득할 수 있는 권리: 분양권, 조합원입주권, 상환채권 등
> 3. 기타 부동산 관련 자산
>   ① 특정주식 A(50%, 50%, 50% 요건 충족)
>   ② 특정주식 B(80%, 1주 이상): 골프장, 스키장 등
>   ③ 사업용 자산과 함께 양도하는 영업권
>   ④ 사업용 자산과 함께 양도하는 이축권
>   ⑤ 특정시설물 이용권 및 회원권
> 4. 주식 관련 자산(대주주양도분, 장외거래분 등)
> 5. 파생상품
> 6. 신탁의 이익을 받을 권리

정답 01 ③

02 소득세법령상 거주자의 양도소득세 과세대상은 모두 몇 개인가? (단, 국내소재 자산을 양도한 경우임)
• 34회

- 전세권
- 등기되지 않은 부동산임차권
- 사업에 사용하는 토지 및 건물과 함께 양도하는 영업권
- 토지 및 건물과 함께 양도하는 「개발제한구역의 지정 및 관리에 관한 특별조치법」에 따른 이축권(해당 이축권의 가액을 대통령령으로 정하는 방법에 따라 별도로 평가하여 신고함)

① 0개
② 1개
③ 2개
④ 3개
⑤ 4개

키워드 양도소득세 과세대상

해설 전세권과 사업에 사용하는 토지 및 건물과 함께 양도하는 영업권이 과세대상이며, 국내 자산의 경우 등기되지 않은 부동산임차권과 이축권의 가액을 별도로 평가하여 신고한 경우는 과세대상에 해당하지 아니한다(소득세법 제94조).

03 소득세법상 거주자의 양도소득세 과세대상에 관한 설명으로 틀린 것은? (단, 양도자산은 국내자산임)
• 28회

① 무상이전에 따라 자산의 소유권이 변경된 경우에는 과세대상이 되지 아니한다.
② 부동산에 관한 권리 중 지상권의 양도는 과세대상이다.
③ 사업용 건물과 함께 양도하는 영업권은 과세대상이다.
④ 법인의 주식을 소유하는 것만으로 시설물을 배타적으로 이용하게 되는 경우 그 주식의 양도는 과세대상이다.
⑤ 등기되지 않은 부동산임차권의 양도는 과세대상이다.

키워드 양도소득세 과세대상

해설 국내자산의 경우 부동산임차권은 등기된 경우에만 양도소득세로 과세한다(소득세법 제194조 제1항 제2호 다목).

04 소득세법상 양도에 해당하는 것은? (단, 거주자의 국내자산으로 가정함) • 28회

① 「도시개발법」이나 그 밖의 법률에 따른 환지처분으로 지목이 변경되는 경우
② 부담부증여 시 그 증여가액 중 채무액에 해당하는 부분을 제외한 부분
③ 「소득세법 시행령」 제151조 제1항에 따른 양도담보계약을 체결한 후 채무불이행으로 인하여 당해 자산을 변제에 충당한 때
④ 매매원인무효의 소에 의하여 그 매매사실이 원인무효로 판시되어 소유권이 환원되는 경우
⑤ 본인 소유 자산을 경매로 인하여 본인이 재취득한 경우

키워드 양도의 정의

해설 ① 「도시개발법」이나 그 밖의 법률에 따른 환지처분으로 지목이 변경되는 경우는 양도에 해당하지 아니한다. 다만, 청산금 수령 시 양도로 본다.
② 부담부증여 시 그 증여가액 중 채무액에 해당하는 부분을 제외한 부분은 무상으로 이전된 것으로 본다.
④ 매매원인무효의 소에 의하여 그 매매사실이 원인무효로 판시되어 소유권이 환원되는 경우는 양도로 보지 아니한다.
⑤ 본인 소유 자산을 경매로 인하여 본인이 재취득한 경우는 양도로 보지 아니한다.

정답 02 ③　03 ⑤　04 ③

제2절 양도 또는 취득의 시기

05 소득세법령상 양도소득세의 양도 또는 취득시기에 관한 내용으로 틀린 것은? •34회

① 대금을 청산한 날이 분명하지 아니한 경우에는 등기부·등록부 또는 명부 등에 기재된 등기·등록접수일 또는 명의개서일
② 상속에 의하여 취득한 자산에 대하여는 그 상속이 개시된 날
③ 대금을 청산하기 전에 소유권이전등기를 한 경우에는 등기부에 기재된 등기접수일
④ 자기가 건설한 건축물로서 건축허가를 받지 아니하고 건축하는 건축물에 있어서는 그 사실상의 사용일
⑤ 완성되지 아니한 자산을 양도한 경우로서 해당 자산의 대금을 청산한 날까지 그 목적물이 완성되지 아니한 경우에는 해당 자산의 대금을 청산한 날

키워드 양도 또는 취득의 시기

해설 완성 또는 확정되지 아니한 자산을 양도 또는 취득한 경우로서 해당 자산의 대금을 청산한 날까지 그 목적물이 완성 또는 확정되지 아니한 경우에는 그 목적물이 완성 또는 확정된 날(소득세법 시행령 제162조 제1항 제8호)

06 소득세법 시행령 제162조에서 규정하는 양도 또는 취득의 시기에 관한 내용으로 <u>틀린</u> 것은?
• 29회

① 제1항 제4호: 자기가 건설한 건축물에 있어서 건축허가를 받지 아니하고 건축하는 건축물은 추후 사용승인 또는 임시사용승인을 받는 날
② 제1항 제3호: 기획재정부령이 정하는 장기할부조건의 경우에는 소유권이전등기(등록 및 명의개서를 포함) 접수일·인도일 또는 사용수익일 중 빠른 날
③ 제1항 제2호: 대금을 청산하기 전에 소유권이전등기(등록 및 명의개서를 포함)를 한 경우에는 등기부·등록부 또는 명부 등에 기재된 등기접수일
④ 제1항 제5호: 상속에 의하여 취득한 자산에 대하여는 그 상속이 개시된 날
⑤ 제1항 제9호: 「도시개발법」에 따른 환지처분으로 교부받은 토지의 면적이 환지처분에 의한 권리면적보다 증가한 경우 그 증가된 면적의 토지에 대한 취득시기는 환지처분의 공고가 있은 날의 다음 날

키워드 양도 또는 취득의 시기

해설 자기가 건설한 건축물에 있어서는 「건축법」 제22조 제2항에 따른 사용승인서 교부일. 다만, 사용승인서 교부일 전에 사실상 사용하거나 같은 조 제3항 제2호에 따른 임시사용승인을 받은 경우에는 그 사실상의 사용일 또는 임시사용승인을 받은 날 중 빠른 날로 하고 건축허가를 받지 아니하고 건축하는 건축물에 있어서는 그 사실상의 사용일로 한다(소득세법 시행령 제162조 제1항 제4호).

정답 05 ⑤ 06 ①

07 소득세법상 양도소득세 과세대상 자산의 양도 또는 취득의 시기로 틀린 것은? • 32회

① 「도시개발법」에 따라 교부받은 토지의 면적이 환지처분에 의한 권리면적보다 증가 또는 감소된 경우: 환지처분의 공고가 있은 날
② 기획재정부령이 정하는 장기할부조건의 경우: 소유권이전등기(등록 및 명의개서를 포함) 접수일·인도일 또는 사용수익일 중 빠른 날
③ 건축허가를 받지 않고 자기가 건설한 건축물의 경우: 그 사실상의 사용일
④ 「민법」 제245조 제1항의 규정에 의하여 부동산의 소유권을 취득하는 경우: 당해 부동산의 점유를 개시한 날
⑤ 대금을 청산한 날이 분명하지 아니한 경우: 등기부·등록부 또는 명부 등에 기재된 등기·등록접수일 또는 명의개서일

키워드 양도 또는 취득의 시기

해설 「도시개발법」에 따라 교부받은 토지의 면적이 환지처분에 의한 권리면적보다 증가 또는 감소된 경우: 환지처분의 공고가 있은 날의 다음 날(소득세법 시행령 제162조 제1항 제9호)

제3절 비과세 양도소득

08 소득세법령상 거주자의 양도소득세 비과세에 관한 설명으로 <u>틀린</u> 것은? (단, 국내소재 자산을 양도한 경우임)
• 34회

① 파산선고에 의한 처분으로 발생하는 소득은 비과세된다.
② 「지적재조사에 관한 특별법」에 따른 경계의 확정으로 지적공부상의 면적이 감소되어 같은 법에 따라 지급받는 조정금은 비과세된다.
③ 건설사업자가 「도시개발법」에 따라 공사용역 대가로 취득한 체비지를 토지구획환지처분공고 전에 양도하는 토지는 양도소득세 비과세가 배제되는 미등기양도자산에 해당하지 않는다.
④ 「도시개발법」에 따른 도시개발사업이 종료되지 아니하여 토지 취득등기를 하지 아니하고 양도하는 토지는 양도소득세 비과세가 배제되는 미등기양도자산에 해당하지 않는다.
⑤ 국가가 소유하는 토지와 분합하는 농지로서 분합하는 쌍방 토지가액의 차액이 가액이 큰 편의 4분의 1을 초과하는 경우 분합으로 발생하는 소득은 비과세된다.

키워드 양도소득세 비과세

해설 「소득세법」 제89조 제1항 제2호에서 '대통령령으로 정하는 경우'란 다음 각 호의 어느 하나에 해당하는 농지(제4항 각 호의 어느 하나에 해당하는 농지는 제외한다)를 교환 또는 분합하는 경우로서 교환 또는 분합하는 쌍방 토지가액의 차액이 가액이 큰 편의 4분의 1 이하인 경우를 말한다(소득세법 시행령 제153조 제1항).

> 1. 국가 또는 지방자치단체가 시행하는 사업으로 인하여 교환 또는 분합하는 농지
> 2. 국가 또는 지방자치단체가 소유하는 토지와 교환 또는 분합하는 농지
> 3. 경작상 필요에 의하여 교환하는 농지. 다만, 교환에 의하여 새로이 취득하는 농지를 3년 이상 농지소재지에 거주하면서 경작하는 경우에 한한다.
> 4. 「농어촌정비법」·「농지법」·「한국농어촌공사 및 농지관리기금법」 또는 「농업협동조합법」에 의하여 교환 또는 분합하는 농지

정답 07 ① 08 ⑤

09 (상)

1세대 1주택 비과세요건을 충족하는 거주자 甲이 다음과 같은 단층 겸용주택(주택은 국내 상시 주거용이며, 수도권 밖의 도시지역 내에 존재)을 11억원에 양도하였을 경우 양도소득세가 과세되는 건물면적과 토지면적으로 옳은 것은? (단, 주어진 조건 외에는 고려하지 않음)

• 26회 수정

- 건물: 주택 80m², 상가 120m²
- 토지: 건물 부수토지 800m²

① 건물 120m², 토지 320m²
② 건물 120m², 토지 400m²
③ 건물 120m², 토지 480m²
④ 건물 200m², 토지 400m²
⑤ 건물 200m², 토지 480m²

키워드 복합주택의 경우 비과세 판정

해설
1. 하나의 건물이 주택과 주택 외의 부분으로 복합되어 있는 경우와 주택에 딸린 토지에 주택 외의 건물이 있는 경우에는 그 전부를 주택으로 본다. 다만, 주택의 연면적이 주택 외의 부분의 연면적보다 적거나 같을 때에는 주택 외의 부분은 주택으로 보지 아니한다(소득세법 시행령 제154조 제3항).
2. 주택에 딸린 토지는 전체 토지면적에 주택의 연면적이 건물의 연면적에서 차지하는 비율을 곱하여 계산한다(소득세법 시행령 제154조 제4항).
3. 주택의 연면적이 더 적으므로 주택 80m²는 비과세, 상가 120m²는 과세한다.
   주택의 부수토지는 800m² × 80/200 = 320m²(비과세, 정착면적의 5배 이내)
   상가의 부수토지는 800m² × 120/200 = 480m²(과세)

이론플러스 비과세 판정 시 적용되는 주택의 부수토지

건물의 정착면적에 다음의 배율을 곱한 면적 이내로 한다(소득세법 시행령 제154조 제17항).
1. 「국토의 계획 및 이용에 관한 법률」에 따른 도시지역 내의 토지: 다음에 따른 배율
   ㉠ 「수도권정비계획법」에 따른 수도권 내의 토지 중 주거지역·상업지역 및 공업지역 내의 토지: 3배
   ㉡ 수도권 내의 토지 중 녹지지역 내의 토지: 5배
   ㉢ 수도권 밖의 토지: 5배
2. 그 밖의 토지: 10배

10 소득세법상 거주자의 양도소득세 비과세에 관한 설명으로 옳은 것은? • 27회 수정

① 국내에 1주택만을 보유하고 있는 1세대가 해외이주로 세대전원이 출국하는 경우 출국일부터 3년이 되는 날 해당 주택을 양도하면 비과세된다.
② 법원의 결정에 의하여 양도 당시 취득에 관한 등기가 불가능한 미등기주택은 양도소득세 비과세가 배제되는 미등기양도자산에 해당하지 않는다.
③ 직장의 변경으로 세대전원이 다른 시로 주거를 이전하는 경우 6개월간 거주한 1주택을 양도하면 비과세된다.
④ 양도 당시 실지거래가액이 13억원인 1세대 1주택의 양도로 발생하는 양도차익 전부가 비과세된다.
⑤ 농지를 교환할 때 쌍방 토지가액의 차액이 가액이 큰 편의 3분의 1인 경우 발생하는 소득은 비과세된다.

키워드 양도소득세 비과세

해설 ① 국내에 1주택만을 보유하고 있는 1세대가 해외이주로 세대전원이 출국하는 경우 출국일부터 2년 이내 해당 주택을 양도하면 비과세된다(소득세법 시행령 제154조 제1항 제2호 나목).
③ 직장의 변경으로 세대전원이 다른 시로 주거를 이전하는 경우 1년 이상 거주한 1주택을 양도하면 비과세된다(소득세법 시행령 제154조 제1항 제3호).
④ 1세대 1주택 양도소득세 비과세요건을 충족하였으나 양도 당시 실지거래가액이 13억원인 주택의 양도로 발생하는 양도차익은 그중 12억원을 초과하는 부분에 대해 과세된다(소득세법 제89조 제1항 제3호).
⑤ 농지를 교환할 때 쌍방 토지가액의 차액이 가액이 큰 편의 4분의 1 이하인 경우 발생하는 소득은 비과세된다(소득세법 시행령 제153조 제1항).

정답 09 ③ 10 ②

11 ⓒ

다음은 소득세법 시행령 제155조 '1세대 1주택의 특례'에 관한 조문의 내용이다. 괄호 안에 들어갈 법령상의 숫자를 순서대로 옳게 나열한 것은?

• 29회 수정

> • 1주택을 보유하는 자가 1주택을 보유하는 자와 혼인함으로써 1세대가 2주택을 보유하게 되는 경우 혼인한 날부터 (   )년 이내에 먼저 양도하는 주택은 이를 1세대 1주택으로 보아 제154조 제1항을 적용한다.
> • 1주택을 보유하고 1세대를 구성하는 자가 1주택을 보유하고 있는 (   )세 이상의 직계존속[배우자의 직계존속을 포함하며, 직계존속 중 어느 한 사람이 (   )세 미만인 경우를 포함]을 동거봉양하기 위하여 세대를 합침으로써 1세대가 2주택을 보유하게 되는 경우 합친 날부터 (   )년 이내에 먼저 양도하는 주택은 이를 1세대 1주택으로 보아 제154조 제1항을 적용한다.

① 5, 55, 55, 5
② 5, 60, 60, 5
③ 5, 60, 55, 10
④ 10, 55, 55, 10
⑤ 10, 60, 60, 10

키워드 양도소득세 비과세 특례

해설
• 1주택을 보유하는 자가 1주택을 보유하는 자와 혼인함으로써 1세대가 2주택을 보유하게 되는 경우 또는 1주택을 보유하고 있는 60세 이상의 직계존속을 동거봉양하는 무주택자가 1주택을 보유하는 자와 혼인함으로써 1세대가 2주택을 보유하게 되는 경우 각각 혼인한 날부터 '10'년 이내에 먼저 양도하는 주택은 이를 1세대 1주택으로 보아 제154조 제1항을 적용한다(소득세법 시행령 제155조 제5항).
• 1주택을 보유하고 1세대를 구성하는 자가 1주택을 보유하고 있는 '60'세 이상의 직계존속(다음의 사람을 포함한다)을 동거봉양하기 위하여 세대를 합침으로써 1세대가 2주택을 보유하게 되는 경우 합친 날부터 '10'년 이내에 먼저 양도하는 주택은 이를 1세대 1주택으로 보아 제154조 제1항을 적용한다(소득세법 시행령 제155조 제4항).

> 1. 배우자의 직계존속으로서 60세 이상인 사람
> 2. 직계존속(배우자의 직계존속을 포함한다) 중 어느 한 사람이 '60'세 미만인 경우
> 3. 「국민건강보험법 시행령」 별표 2 제3호 가목 3), 같은 호 나목 2) 또는 같은 호 마목에 따른 요양급여를 받는 60세 미만의 직계존속(배우자의 직계존속을 포함한다)으로서 기획재정부령으로 정하는 사람

12 소득세법 시행령 제155조 '1세대 1주택의 특례'에 관한 조문의 내용이다. ( )에 들어갈 숫자로 옳은 것은?

• 33회 수정

> • 영농의 목적으로 취득한 귀농주택으로서 수도권 밖의 지역 중 면지역에 소재하는 주택과 일반주택을 국내에 각각 1개씩 소유하고 있는 1세대가 귀농주택을 취득한 날부터 (㉠)년 이내에 일반주택을 양도하는 경우에는 국내에 1개의 주택을 소유하고 있는 것으로 보아 제154조 제1항을 적용한다.
> • 취학 등 부득이한 사유로 취득한 수도권 밖에 소재하는 주택과 일반주택을 국내에 각각 1개씩 소유하고 있는 1세대가 부득이한 사유가 해소된 날부터 (㉡)년 이내에 일반주택을 양도하는 경우에는 국내에 1개의 주택을 소유하고 있는 것으로 보아 제154조 제1항을 적용한다.
> • 1주택을 보유하는 자가 1주택을 보유하는 자와 혼인함으로써 1세대가 2주택을 보유하게 되는 경우 혼인한 날부터 (㉢)년 이내에 먼저 양도하는 주택은 이를 1세대 1주택으로 보아 제154조 제1항을 적용한다.

① ㉠: 2, ㉡: 2, ㉢: 5
② ㉠: 2, ㉡: 3, ㉢: 10
③ ㉠: 3, ㉡: 2, ㉢: 5
④ ㉠: 5, ㉡: 3, ㉢: 5
⑤ ㉠: 5, ㉡: 3, ㉢: 10

키워드 1세대 1주택 비과세 특례

해설
• 영농의 목적으로 취득한 귀농주택으로서 수도권 밖의 지역 중 면지역에 소재하는 주택과 일반주택을 국내에 각각 1개씩 소유하고 있는 1세대가 귀농주택을 취득한 날부터 '5'년 이내에 일반주택을 양도하는 경우에는 국내에 1개의 주택을 소유하고 있는 것으로 보아 제154조 제1항을 적용한다(소득세법 시행령 제155조 제7항).
• 취학 등 부득이한 사유로 취득한 수도권 밖에 소재하는 주택과 일반주택을 국내에 각각 1개씩 소유하고 있는 1세대가 부득이한 사유가 해소된 날부터 '3'년 이내에 일반주택을 양도하는 경우에는 국내에 1개의 주택을 소유하고 있는 것으로 보아 제154조 제1항을 적용한다(소득세법 시행령 제155조 제8항).
• 1주택을 보유하는 자가 1주택을 보유하는 자와 혼인함으로써 1세대가 2주택을 보유하게 되는 경우 혼인한 날부터 '10'년 이내에 먼저 양도하는 주택은 이를 1세대 1주택으로 보아 제154조 제1항을 적용한다(소득세법 시행령 제155조 제5항).

정답 11 ⑤ 12 ⑤

| 제4절 | 양도소득과세표준 |

13 거주자 甲의 매매(양도일: 2025.5.1.)에 의한 등기된 토지 취득 및 양도에 관한 다음의 자료를 이용하여 양도소득세 과세표준을 계산하면? (단, 법령에 따른 적격증명서류를 수취·보관하고 있으며, 주어진 조건 이외에는 고려하지 않음)
• 33회 수정

항목	기준시가	실지거래가액
양도가액	40,000,000원	67,000,000원
취득가액	35,000,000원	42,000,000원
추가사항	• 양도비용: 4,000,000원 • 보유기간: 2년	

① 18,500,000원
② 19,320,000원
③ 19,740,000원
④ 21,000,000원
⑤ 22,500,000원

키워드 양도차익의 계산

해설
```
  양도가액                   67,000,000원
- 취득가액                 - 42,000,000원
- 자본적 지출액 및 양도비용  -  4,000,000원
= 양도차익                 = 21,000,000원
- 장기보유특별공제          -          0원
= 양도소득금액             = 21,000,000원
- 양도소득기본공제          -  2,500,000원
= 과세표준                 = 18,500,000원
```
* 실지거래가액을 기준으로 양도차익을 산정하는 것이 원칙이다.
* 보유기간 3년 이상의 경우에만 장기보유특별공제를 적용한다.

14 소득세법상 거주자가 국내자산을 양도한 경우 양도소득의 필요경비에 관한 설명으로 옳은 것은?
• 28회 수정

① 취득가액을 실지거래가액에 의하는 경우 당초 약정에 의한 지급기일의 지연으로 인하여 추가로 발생하는 이자상당액은 취득원가에 포함하지 아니한다.
② 취득가액을 실지거래가액에 의하는 경우 자본적 지출액도 실지로 지출된 가액에 의하므로 「소득세법」 제160조의2 제2항에 따른 적격증명서류를 수취·보관하지 않더라도 이를 필요경비로 인정한다.
③ 「소득세법」 제97조 제3항에 따른 취득가액을 계산할 때 감가상각비를 공제하는 것은 취득가액을 실지거래가액으로 하는 경우에만 적용하므로 취득가액을 환산가액으로 하는 때에는 적용하지 아니한다.
④ 토지를 취득함에 있어서 부수적으로 매입한 채권을 만기 전에 양도함으로써 발생하는 매각차손은 채권의 매매상대방과 관계없이 전액 양도비용으로 인정된다.
⑤ 취득세는 납부영수증이 없으면 필요경비로 인정되지 아니한다.

키워드 양도차익의 계산

해설 ② 취득가액을 실지거래가액에 의하는 경우 자본적 지출액은 적격증명서류를 수취·보관하거나 실제 지출사실이 금융거래 증명서류에 의하여 확인되는 경우에 필요경비로 인정된다(소득세법 시행령 제163조 제3항).
③ 「소득세법」 제97조 제3항에 따른 취득가액을 계산할 때 감가상각비를 공제하는 것은 취득가액을 실지거래가액으로 하는 경우가 아니더라도 공제한다(취득가액을 기준시가로 하는 경우 제외).
④ 토지를 취득함에 있어서 부수적으로 매입한 채권을 만기 전에 양도함으로써 발생하는 매각차손은 양도비용으로 인정된다. 다만, 금융기관 외의 자에게 양도한 경우에는 동일한 날에 금융기관에 양도하였을 경우 발생하는 매각차손을 한도로 한다(소득세법 시행령 제163조 제5항 제2호).
⑤ 취득세는 납부영수증이 없어도 필요경비로 인정된다.

정답 13 ① 14 ①

15 중

소득세법상 사업소득이 있는 거주자가 실지거래가액에 의해 부동산의 양도차익을 계산하는 경우 양도가액에서 공제할 자본적 지출액 또는 양도비용에 포함되지 않는 것은?
(단, 자본적 지출액에 대해서는 법령에 따른 적격증명서류가 수취·보관되어 있음) • 27회

① 자산을 양도하기 위하여 직접 지출한 양도소득세 과세표준 신고서 작성비용
② 납부의무자와 양도자가 동일한 경우 「재건축초과이익 환수에 관한 법률」에 따른 재건축부담금
③ 양도자산의 이용편의를 위하여 지출한 비용
④ 양도자산의 취득 후 쟁송이 있는 경우 그 소유권을 확보하기 위하여 직접 소요된 소송비용으로서 그 지출한 연도의 각 사업소득금액 계산 시 필요경비에 산입된 금액
⑤ 자산을 양도하기 위하여 직접 지출한 공증비용

키워드 자본적 지출액과 양도비용

해설 양도자산을 취득한 후 쟁송이 있는 경우에 그 소유권을 확보하기 위하여 직접 소요된 소송비용·화해비용 등의 금액으로서 그 지출한 연도의 각 소득금액의 계산에 있어서 필요경비에 산입된 것을 제외한 금액을 자본적 지출액으로 한다(소득세법 시행령 제163조 제3항 제2호).

이론플러스 자본적 지출액 및 양도비용

1. 자본적 지출액
   ㉠ 내용연수를 연장시키거나 해당 자산의 가치를 현실적으로 증가시키기 위해 지출한 다음의 수선비
      ⓐ 본래의 용도를 변경하기 위한 개조
      ⓑ 엘리베이터 또는 냉난방장치의 설치
      ⓒ 빌딩 등의 피난시설 등의 설치
      ⓓ 재해 등으로 인하여 건물·기계·설비 등이 멸실 또는 훼손되어 당해 자산의 본래 용도로의 이용가치가 없는 것의 복구
      ⓔ 기타 개량·확장·증설 등 위 ⓐ~ⓓ와 유사한 성질의 것
   ㉡ 양도자산을 취득한 후 쟁송이 있는 경우에 그 소유권을 확보하기 위하여 직접 소요된 소송비용·화해비용 등의 금액으로서 그 지출한 연도의 각 소득금액의 계산에 있어서 필요경비에 산입된 것을 제외한 금액
   ㉢ 「공익사업을 위한 토지 등의 취득 및 보상에 관한 법률」이나 그 밖의 법률에 따라 토지 등이 협의 매수 또는 수용되는 경우로서 그 보상금의 증액과 관련하여 직접 소요된 소송비용·화해비용 등의 금액으로서 그 지출한 연도의 각 소득금액의 계산에 있어서 필요경비에 산입된 것을 제외한 금액. 이 경우 증액보상금을 한도로 한다.
   ㉣ 양도자산의 용도변경·개량 또는 이용편의를 위하여 지출한 비용(재해·노후화 등 부득이한 사유로 인하여 건물을 재건축한 경우 그 철거비용을 포함)

- ⓜ 「개발이익환수에 관한 법률」에 따른 개발부담금(개발부담금의 납부의무자와 양도자가 서로 다른 경우에는 양도자에게 사실상 배분될 개발부담금상당액을 말한다)
- ⓑ 「재건축초과이익 환수에 관한 법률」에 따른 재건축부담금(재건축부담금의 납부의무자와 양도자가 서로 다른 경우에는 양도자에게 사실상 배분될 재건축부담금상당액을 말한다)
- ⓢ 위 ⓐ~ⓑ에 준하는 비용으로서 기획재정부령이 정하는 것

2. 양도비용
    - ⓐ 자산을 양도하기 위하여 직접 지출한 비용으로서 다음의 비용
        - ⓐ 「증권거래세법」에 따라 납부한 증권거래세
        - ⓑ 양도소득세 과세표준 신고서 작성비용 및 계약서 작성비용
        - ⓒ 공증비용, 인지대 및 소개비
        - ⓓ 매매계약에 따른 인도의무를 이행하기 위하여 양도자가 지출하는 명도비용
        - ⓔ 위 ⓐ~ⓓ의 비용과 유사한 비용으로서 기획재정부령으로 정하는 비용
    - ⓑ 자산을 취득함에 있어서 법령 등의 규정에 따라 매입한 국민주택채권 및 토지개발채권을 만기 전에 양도함으로써 발생하는 매각차손. 이 경우 금융기관 외의 자에게 양도한 경우에는 동일한 날에 금융기관에 양도하였을 경우 발생하는 매각차손을 한도로 한다.

정답 15 ④

16 다음은 거주자 甲의 상가건물 양도소득세 관련 자료이다. 이 경우 양도차익은? (단, 양도차익을 최소화하는 방향으로 필요경비를 선택하고, 부가가치세는 고려하지 않음)

• 32회 수정

(1) 취득 및 양도 내역

구분	실지거래가액	기준시가	거래일자
양도 당시	5억원	4억원	2025.4.30.
취득 당시	확인 불가능	2억원	2024.3.7.

(2) 자본적 지출액 및 소개비: 2억 6천만원(세금계산서 수취함)
(3) 주어진 자료 외에는 고려하지 않는다.

① 2억원
② 2억 4천만원
③ 2억 4천4백만원
④ 2억 5천만원
⑤ 2억 6천만원

키워드 양도차익의 계산

해설
1. 양도가액   5억원
　취득가액   (−)   2억 5천만원(5억원 × $\frac{2억원}{4억원}$)
　기타 필요경비   (−)   6백만원(2억원 × 3%)
　양도차익   (=) 2억 4천4백만원

2. 양도가액   5억원
　취득가액   0원
　기타 필요경비   (−)   2억 6천만원
　양도차익   (=)   2억 4천만원

1.과 2.의 방법 중 선택 가능하며 양도차익을 최소화하는 방향은 2. 방법에 의한 2억 4천만원이다.

17 소득세법상 건물의 양도에 따른 장기보유특별공제에 관한 설명으로 틀린 것은? • 26회

① 100분의 70의 세율이 적용되는 미등기건물에 대해서는 장기보유특별공제를 적용하지 아니한다.
② 보유기간이 3년 이상인 등기된 상가건물은 장기브유특별공제가 적용된다.
③ 1세대 1주택 요건을 충족한 고가주택(보유기간 2년 6개월)이 과세되는 경우 장기보유특별공제가 적용된다.
④ 장기보유특별공제액은 건물의 양도차익에 보유기간별 공제율을 곱하여 계산한다.
⑤ 보유기간이 15년인 등기된 상가건물의 보유기간별 공제율은 100분의 30이다.

키워드 장기보유특별공제

해설 장기보유특별공제는 국내 소재 등기된 토지, 건물 및 조합원입주권(조합원으로부터 취득한 것은 제외한다)의 보유기간이 3년 이상인 것에 대해 적용한다(소득세법 제95조 제2항).

18 다음 자료를 기초로 할 때 소득세법령상 거주자 甲의 확정신고 시 신고할 건물과 토지B의 양도소득과세표준을 각각 계산하면? (단, 아래 자산 외의 양도자산은 없고, 양도소득과세표준 예정신고는 모두 하지 않았으며, 감면소득금액은 없다고 가정함) • 35회 수정

구분	건물(주택 아님)	토지A	토지B
양도차익(차손)	15,000,000원	(20,000,000원)	25,000,000원
양도일자	2025.3.10.	2025.5.20.	2025.6.25.
보유기간	1년 8개월	4년 3개월	3년 5개월

※ 위 자산은 모두 국내에 있으며 등기됨
※ 토지A, 토지B는 비사업용 토지 아님
※ 장기보유특별공제율은 6%로 가정함

	건물	토지B
①	0원	16,000,000원
②	0원	18,500,000원
③	11,600,000원	5,000,000원
④	12,500,000원	3,500,000원
⑤	12,500,000원	1,000,000원

키워드 양도소득과세표준의 계산

해설
1. 양도소득금액을 계산할 때 양도차손이 발생한 자산이 있는 경우에는 「소득세법」 제102조 제1항 각 호별로 해당 자산 외의 다른 자산에서 발생한 양도소득금액에서 그 양도차손을 공제한다(소득세법 제102조 제2항).
2. 양도차손은 다음의 자산의 양도소득금액에서 순차로 공제한다(소득세법 시행령 제167조의2 제1항).
   ㉠ 양도차손이 발생한 자산과 같은 세율을 적용받는 자산의 양도소득금액
   ㉡ 양도차손이 발생한 자산과 다른 세율을 적용받는 자산의 양도소득금액. 이 경우 다른 세율을 적용받는 자산의 양도소득금액이 2 이상인 경우에는 각 세율별 양도소득금액의 합계액에서 당해 양도소득금액이 차지하는 비율로 안분하여 공제한다(토지·건물의 경우 2년 미만 보유와 2년 이상 보유 시 적용되는 세율이 다르다).
3. 건물은 보유기간이 1년 8개월이므로 장기보유특별공제를 적용할 수 없다.
4. 양도소득기본공제는 감면소득금액이 있는 경우에는 그 감면소득금액 외의 양도소득금액에서 먼저 공제하고, 감면소득금액 외의 양도소득금액 중에서는 해당 과세기간에 먼저 양도한 자산의 양도소득금액에서부터 순서대로 공제한다(소득세법 제103조 제2항).

구분	건물(주택 아님)	토지A	토지B
양도차익(차손)	15,000,000원	(20,000,000원)	25,000,000원
- 장기보유특별공제	-	-	(1,500,000원)*
양도소득금액 (양도차손 통산)	15,000,000원	(20,000,000원)	23,500,000원
		3,500,000원	
- 양도소득기본공제	(2,500,000원)	-	
양도소득과세표준	12,500,000원	3,500,000원	

* 25,000,000원 × 6% = 1,500,000원

19 (상)

다음은 거주자가 국내 소재 비과세대상 1세대 1주택을 양도한 내용이다. 과세되는 양도차익은 얼마인가?

• 28회 수정

(1) 취득 및 양도 내역(등기됨)

구분	가액		거래일자
	실지거래가액	기준시가	
양도	15억원	10억원	2025.3.2.
취득	확인 불가능	5억원	2022.2.4.

(2) 자본적 지출 및 양도비용은 1천7백만원이다.
(3) 주어진 자료 외는 고려하지 않는다.

① 750,000,000원
② 75,000,000원
③ 147,000,000원
④ 735,000,000원
⑤ 150,000,000원

키워드 고가주택의 양도차익

해설
양도가액   15억원
취득가액 (-) 7억 5천만원 (15억원 × $\frac{5억원}{10억원}$)
기타 필요경비 (-) 1천5백만원 (개산공제 5억원 × 3%)
양도차익 (=) 7억 3천5백만원

∴ 고가주택 양도차익 = 7억 3천5백만원 × $\frac{(15억원 - 12억원)}{15억원}$
= 1억 4천7백만원

정답 18 ④ 19 ③

20 소득세법령상 1세대 1주택자인 거주자 甲이 2025년 양도한 국내소재 A주택(조정대상지역이 아니며 등기됨)에 대한 양도소득과세표준은? (단, 2025년에 A주택 외 양도한 자산은 없으며, 법령에 따른 적격증명서류를 수취·보관하고 있고 주어진 조건 이외에는 고려하지 않음)
• 34회 수정

항목	기준시가	실지거래가액
양도 시	18억원	25억원
취득 시	13억 5천만원	19억 5천만원
추가 사항	\{콜론}[양도비 및 자본적 지출액: 5천만원 • 보유기간 및 거주기간: 각각 5년 • 장기보유특별공제율: 보유기간별 공제율과 거주기간별 공제율은 각각 20%]	

① 153,500,000원
② 156,000,000원
③ 195,500,000원
④ 260,000,000원
⑤ 500,000,000원

키워드 양도소득과세표준의 계산

해설
1. 실지거래가액이 주어졌으므로 실지거래가액에 의해 계산한다.
2. 1세대 1주택인 고가주택에 해당되어 양도가액 중 12억원을 초과하는 부분에 대해서만 과세한다.
3. 3년 이상 보유하고 보유기간 중 2년 이상 거주하였으므로 보유기간에 따른 공제율과 거주기간에 대한 공제율을 합산한 장기보유특별공제율을 적용한다.
4. 본건 외 2025년에 양도한 자산은 없으므로 양도소득기본공제는 250만원을 적용한다.

양도가액	25억원
− 취득가액	− (19억 5천만원)
− 기타 필요경비	− (5천만원)
= 양도차익	= 5억원 × (25억원 − 12억원) / 25억원 = 2.6억원
− 장기보유특별공제	− 2.6억원 × 40% = (104,000,000원)
= 양도소득금액	= 156,000,000원
− 양도소득기본공제	− (2,500,000원)
양도소득과세표준	= 153,500,000원

21 상

소득세법상 거주자의 국내 소재 1세대 1주택인 고가주택과 그 양도소득세에 관한 설명으로 틀린 것은?
• 31회 수정

① 거주자가 2023년 취득 후 계속 거주한 법령에 따른 고가주택을 2025년 5월에 양도하는 경우 장기보유특별공제의 대상이 되지 않는다.
② '고가주택'이란 기준시가 12억원을 초과하는 주택을 말한다.
③ 법령에 따른 고가주택에 해당하는 자산의 장기보유특별공제액은 「소득세법」 제95조 제2항에 따른 장기보유특별공제액에 '양도가액에서 12억원을 차감한 금액이 양도가액에서 차지하는 비율'을 곱하여 산출한다.
④ 법령에 따른 고가주택에 해당하는 자산의 양도차익은 「소득세법」 제95조 제1항에 따른 양도차익에 '양도가액에서 12억원을 차감한 금액이 양도가액에서 차지하는 비율'을 곱하여 산출한다.
⑤ 「건축법 시행령」 [별표 1]에 의한 다가구주택을 구획된 부분별로 양도하지 아니하고 하나의 매매단위로 양도하여 단독주택으로 보는 다가구주택의 경우에는 그 전체를 하나의 주택으로 보아 법령에 따른 고가주택 여부를 판단한다.

키워드 양도차익 계산특례(고가주택)

해설 '고가주택'이란 양도 당시 실지거래가액이 12억원을 초과하는 주택을 말한다(소득세법 제89조 제1항 제3호).

정답 20 ① 21 ②

22 ⓢ

거주자 甲은 국내에 있는 양도소득세 과세대상 X토지를 2016년 시가 1억원에 매수하여 2025년 배우자 乙에게 증여하였다. X토지에는 甲의 금융기관 차입금 5천만원에 대한 저당권이 설정되어 있었으며 乙이 이를 인수한 사실은 채무부담계약서에 의하여 확인되었다. X토지의 증여가액과 증여 시 상속세 및 증여세법에 따라 평가한 가액(시가)은 각각 2억원이었다. 다음 중 틀린 것은?

• 30회 수정

① 배우자 간 부담부증여로서 수증자에게 인수되지 아니한 것으로 추정되는 채무액은 부담부증여의 채무액에 해당하는 부분에서 제외한다.
② 乙이 인수한 채무 5천만원에 해당하는 부분은 양도로 본다.
③ 양도로 보는 부분의 취득가액은 2천5백만원이다.
④ 양도로 보는 부분의 양도가액은 5천만원이다.
⑤ 甲이 X토지와 증여가액(시가) 2억원인 양도소득세 과세대상에 해당하지 않는 Y자산을 함께 乙에게 부담부증여하였다면 乙이 인수한 채무 5천만원에 해당하는 부분은 모두 X토지에 대한 양도로 본다.

키워드 부담부증여 시 양도소득세 계산

해설 양도소득세 과세대상에 해당하는 자산과 해당하지 아니하는 자산을 함께 부담부증여하는 경우로서 증여자의 채무를 수증자가 인수하는 경우 채무액은 다음 계산식에 따라 계산한다(소득세법 시행령 제159조 제2항).

$$채무액 = A \times \frac{B}{C}$$

A: 총채무액
B: 양도소득세 과세대상 자산가액
C: 총증여자산가액

따라서, 甲이 X토지와 증여가액(시가) 2억원인 양도소득세 과세대상에 해당하지 않는 Y자산을 함께 乙에게 부담부증여하였다면 乙이 인수한 채무 5천만원은 X토지와 Y자산가액 비율로 안분계산하여야 하므로 X토지에 대한 양도로 보는 금액은 2천5백만원이다.

23 거주자 甲은 2019.10.20. 취득한 토지(취득가액 1억원, 등기함)를 동생인 거주자 乙(특수관계인임)에게 2024.10.1. 증여(시가 3억원, 등기함)하였다. 乙은 해당 토지를 2025.6.30. 특수관계가 없는 丙에게 양도(양도가액 10억원)하였다. 양도소득은 乙에게 실질적으로 귀속되지 아니하고, 乙의 증여세와 양도소득세를 합한 세액이 甲이 직접 양도하는 경우로 보아 계산한 양도소득세보다 적은 경우에 해당한다. 소득세법상 양도소득세 납세의무에 관한 설명으로 틀린 것은?

• 33회 수정

① 乙이 납부한 증여세는 양도차익 계산 시 필요경비에 산입한다.
② 양도차익 계산 시 취득가액은 甲의 취득 당시를 기준으로 한다.
③ 양도소득세에 대해서는 甲과 乙이 연대하여 납세의무를 진다.
④ 甲은 양도소득세 납세의무자이다.
⑤ 양도소득세 계산 시 보유기간은 甲의 취득일부터 乙의 양도일까지의 기간으로 한다.

키워드 부당행위계산부인
해설 乙이 납부한 증여세는 양도차익 계산 시 부과하지 아니한다(소득세법 제101조 제3항).

정답 22 ⑤ 23 ①

24 중

다음 자료를 기초로 할 때 소득세법령상 국내 토지A에 대한 양도소득세에 관한 설명으로 옳은 것은? (단, 甲, 乙, 丙은 모두 거주자임)

• 35회 수정

> • 甲은 2019.6.20. 토지A를 3억원에 취득하였으며, 2021.5.15. 토지A에 대한 자본적 지출로 5천만원을 지출하였다.
> • 乙은 2023.7.1. 직계존속인 甲으로부터 토지A를 증여받아 2023.7.25. 소유권이전 등기를 마쳤다(토지A의 증여 당시 시가는 6억원임).
> • 乙은 2025.10.20. 토지A를 甲 또는 乙과 특수관계가 없는 丙에게 10억원에 양도하였다.
> • 토지A는 법령상 협의매수 또는 수용된 적이 없으며, 「소득세법」 제97조의2 양도소득의 필요경비 계산 특례(이월과세)를 적용하여 계산한 양도소득 결정세액이 이를 적용하지 않고 계산한 양도소득 결정세액보다 크다고 가정한다.

① 양도차익 계산 시 양도가액에서 공제할 취득가액은 6억원이다.
② 양도차익 계산 시 甲이 지출한 자본적 지출액 5천만원은 양도가액에서 공제할 수 없다.
③ 양도차익 계산 시 乙이 납부하였거나 납부할 증여세 상당액이 있는 경우 양도차익을 한도로 필요경비에 산입한다.
④ 장기보유특별공제액 계산 및 세율 적용 시 보유기간은 乙의 취득일로부터 양도일까지의 기간으로 한다.
⑤ 甲과 乙은 양도소득세에 대하여 연대납세의무를 진다.

키워드 이월과세

해설 ① 양도차익 계산 시 양도가액에서 공제할 취득가액은 3억원이다.
② 양도차익 계산 시 甲이 지출한 자본적 지출액 5천만원은 양도가액에서 공제할 수 있다.
③ 양도차익 계산 시 乙이 납부하였거나 납부할 증여세 상당액이 있는 경우 양도차익을 한도로 필요경비에 산입한다.

> 「소득세법」 제97조의2 【양도소득의 필요경비 계산 특례】 ① 거주자가 양도일부터 소급하여 10년 이내에 그 배우자(양도 당시 혼인관계가 소멸된 경우를 포함하되, 사망으로 혼인관계가 소멸된 경우는 제외한다. 이하 이 항에서 같다) 또는 직계존비속으로부터 증여받은 제94조 제1항 제1호에 따른 자산이나 그 밖에 대통령령으로 정하는 자산의 양도차익을 계산할 때 양도가액에서 공제할 필요경비는 제97조 제2항에 따르되, 다음 각 호의 기준을 적용한다.
> 1. 취득가액은 거주자의 배우자 또는 직계존비속이 해당 자산을 취득할 당시의 제97조 제1항 제1호에 따른 금액으로 한다.
> 2. 제97조 제1항 제2호에 따른 필요경비에는 거주자의 배우자 또는 직계존비속이 해당 자산에 대하여 지출한 같은 호에 다른 금액을 포함한다.
> 3. 거주자가 해당 자산에 대하여 납부하였거나 납부할 증여세 상당액이 있는 경우 필요경비에 산입한다.

④ 장기보유특별공제액 계산 및 세율 적용 시 보유기간은 甲의 취득일로부터 양도일까지의 기간으로 한다(소득세법 제95조 제4항, 제104조 제2항 제2호).

⑤ 甲과 乙은 양도소득세에 대하여 연대납세의무는 없다.

정답 24 ③

25 소득세법상 배우자 간 증여재산의 이월과세에 관한 설명으로 옳은 것은? •32회 수정

① 이월과세를 적용하는 경우 거주자가 배우자로부터 증여받은 자산에 대하여 납부한 증여세를 필요경비에 산입하지 아니한다.
② 이월과세를 적용받은 자산의 보유기간은 증여한 배우자가 그 자산을 증여한 날을 취득일로 본다.
③ 거주자가 양도일부터 소급하여 10년 이내에 그 배우자(양도 당시 사망으로 혼인관계가 소멸된 경우 포함)로부터 증여받은 토지를 양도할 경우에 이월과세를 적용한다.
④ 거주자가 사업인정고시일부터 소급하여 2년 이전에 배우자로부터 증여받은 경우로서 「공익사업을 위한 토지 등의 취득 및 보상에 관한 법률」에 따라 수용된 경우에는 이월과세를 적용하지 아니한다.
⑤ 이월과세를 적용하여 계산한 양도소득결정세액이 이월과세를 적용하지 않고 계산한 양도소득결정세액보다 적은 경우에 이월과세를 적용한다.

키워드 이월과세

해설
① 이월과세를 적용하는 경우 거주자가 배우자로부터 증여받은 자산에 대하여 납부한 증여세를 필요경비에 산입한다(소득세법 제97조의2 제1항).
② 이월과세를 적용받은 자산의 보유기간은 증여한 배우자가 그 자산을 취득한 날부터 기산한다(소득세법 제95조 제4항).
③ 거주자가 양도일부터 소급하여 10년 이내에 그 배우자(양도 당시 사망으로 혼인관계가 소멸된 경우 제외)로부터 증여받은 토지를 양도할 경우에 이월과세를 적용한다(소득세법 제97조의2 제1항).
⑤ 이월과세를 적용하여 계산한 양도소득결정세액이 이월과세를 적용하지 않고 계산한 양도소득결정세액보다 적은 경우에는 이월과세를 적용하지 아니한다(소득세법 제97조의2 제2항 제3호).

26 소득세법상 거주자의 양도소득과세표준 계산에 관한 설명으로 옳은 것은? •29회 수정

① 양도소득금액을 계산할 때 부동산을 취득할 수 있는 권리에서 발생한 양도차손은 토지에서 발생한 양도소득금액에서 공제할 수 없다.
② 양도차익을 실지거래가액에 의하는 경우 양도가액에서 공제할 취득가액은 그 자산에 대한 감가상각비로서 각 과세기간의 사업소득금액을 계산하는 경우 필요경비에 산입한 금액이 있을 때에는 이를 공제하지 않은 금액으로 한다.
③ 양도소득에 대한 과세표준은 종합소득 및 퇴직소득에 대한 과세표준과 구분하여 계산한다.
④ 1세대 1주택 비과세 요건을 충족하는 고가주택의 양도가액이 15억원이고 양도차익이 5억원인 경우 양도소득세가 과세되는 양도차익은 3억원이다.
⑤ 2025년 4월 1일에 지출한 자본적 지출액은 그 지출에 관한 적격증명서류를 수취·보관하지 않고 실제 지출사실이 금융거래 증명서류에 의하여 확인되지 않는 경우에도 양도차익 계산 시 양도가액에서 공제할 수 있다.

키워드 양도소득과세표준의 계산

해설 ① 양도소득금액을 계산할 때 부동산을 취득할 수 있는 권리에서 발생한 양도차손은 토지에서 발생한 양도소득금액에서 공제할 수 있다(소득세법 제102조 제2항).
② 양도차익을 실지거래가액에 의하는 경우 양도가액에서 공제할 취득가액은 그 자산에 대한 감가상각비로서 각 과세기간의 사업소득금액을 계산하는 경우 필요경비에 산입한 금액이 있을 때에는 이를 공제한 금액으로 한다(소득세법 제97조 제3항).
④ 과세되는 양도차익 = 5억원 × $\dfrac{15억원 - 12억원}{15억원}$ = 1억원이다.
⑤ 양도차익 계산 시 양도가액에서 공제할 자본적 지출액은 그 지출에 관한 적격증명서류를 수취·보관하거나 실제 지출사실이 금융거래 증명서류에 의하여 확인되는 경우를 말한다(소득세법 시행령 제163조 제3항).

27 상 소득세법상 거주자의 국내자산 양도소득세 계산에 관한 설명으로 옳은 것은?

• 31회 수정

① 부동산에 관한 권리의 양도로 발생한 양도차손은 토지의 양도에서 발생한 양도소득금액에서 공제할 수 없다.
② 양도일부터 소급하여 10년 이내에 그 배우자로부터 증여받은 토지의 양도차익을 계산할 때 그 증여받은 토지에 대하여 납부한 증여세는 양도가액에서 공제할 필요경비에 산입하지 아니한다.
③ 취득원가에 현재가치할인차금이 포함된 양도자산의 보유기간 중 사업소득금액 계산 시 필요경비로 산입한 현재가치할인차금상각액은 양도차익을 계산할 때 양도가액에서 공제할 필요경비로 본다.
④ 특수관계인에게 증여한 자산에 대해 증여자인 거주자에게 양도소득세가 과세되는 경우 수증자가 부담한 증여세 상당액은 양도가액에서 공제할 필요경비에 산입한다.
⑤ 거주자가 특수관계인과의 거래(시가와 거래가액의 차액이 5억원임)에 있어서 토지를 시가에 미달하게 양도함으로써 조세의 부담을 부당히 감소시킨 것으로 인정되는 때에는 그 양도가액을 시가에 의하여 계산한다.

키워드 양도차익의 계산

해설 ① 부동산에 관한 권리의 양도로 발생한 양도차손은 토지의 양도에서 발생한 양도소득금액에서 공제할 수 있다(소득세법 제102조 제2항).
② 양도일부터 소급하여 10년 이내에 그 배우자로부터 증여받은 토지의 양도차익을 계산할 때 그 증여받은 토지에 대하여 납부한 증여세는 양도가액에서 공제할 필요경비에 산입한다(소득세법 97조의2 제1항).
③ 취득원가에 현재가치할인차금이 포함된 양도자산의 보유기간 중 사업소득금액 계산 시 필요경비로 산입한 현재가치할인차금상각액은 양도차익을 계산할 때 양도가액에서 공제할 필요경비에 산입할 수 없다(소득세법 시행령 제163조 제2항).
④ 특수관계인에게 증여한 자산에 대해 증여자인 거주자에게 양도소득세가 과세되는 경우 당초 증여받은 자산에 대해서는 증여세를 부과하지 아니한다(소득세법 제101조 제3항).

28 소득세법상 거주자의 양도소득세에 관한 설명으로 틀린 것은? (단, 국내 소재 부동산의 양도임)
• 28회

① 같은 해에 여러 개의 자산(모두 등기됨)을 양도한 경우 양도소득기본공제는 해당 과세기간에 먼저 양도한 자산의 양도소득금액에서부터 순서대로 공제한다. 단, 감면소득금액은 없다.
② 「소득세법」 제104조 제3항에 따른 미등기양도자산에 대하여는 장기보유특별공제를 적용하지 아니한다.
③ 「소득세법」 제97조의2 제1항에 따라 이월과세를 적용받는 경우 장기보유특별공제의 보유기간은 증여자가 해당 자산을 취득한 날부터 기산한다.
④ A법인과 특수관계에 있는 주주가 시가 3억원(법인세법 제52조에 따른 시가임)의 토지를 A법인에게 5억원에 양도한 경우 양도가액은 3억원으로 본다. 단, A법인은 이 거래에 대하여 세법에 따른 처리를 적절하게 하였다.
⑤ 특수관계인 간의 거래가 아닌 경우로서 취득가액인 실지거래가액을 인정 또는 확인할 수 없어 그 가액을 추계결정 또는 경정하는 경우에는 매매사례가액, 감정가액, 기준시가의 순서에 따라 적용한 가액에 의한다.

키워드 양도소득과세표준의 계산

해설 특수관계인 간의 거래가 아닌 경우로서 취득가액인 실지거래가액을 인정 또는 확인할 수 없어 그 가액을 추계결정 또는 경정하는 경우에는 매매사례가액, 감정가액, 환산취득가액, 기준시가의 순서에 따라 적용한 가액에 의한다(소득세법 제97조 제1항 제1호, 제100조).

정답 27 ⑤ 28 ⑤

제5절 양도소득세 세율

29 소득세법상 등기된 국내 부동산에 대한 양도소득과세표준의 자산별 세율에 관한 내용으로 옳은 것은? (단, 해당 자산은 2025년 10월 중에 양도한 것이며, 주어진 자산이나 조건 또는 보유기간 등 그 밖의 사항은 고려하지 않음)
• 27회 수정

① 1년 6개월 보유한 1주택: 100분의 40
② 2년 1개월 보유한 상가건물: 100분의 40
③ 10개월 보유한 상가건물: 100분의 50
④ 6개월 보유한 1주택: 100분의 60
⑤ 1년 8개월 보유한 상가건물: 100분의 50

키워드 양도소득세 세율

해설 ① 1년 6개월 보유한 1주택: 100분의 60
② 2년 1개월 보유한 상가건물: 100분의 6~100분의 45
④ 6개월 보유한 1주택: 100분의 70
⑤ 1년 8개월 보유한 상가건물: 100분의 40과 100분의 6~100분의 45 중 큰 세액

30 소득세법상 거주자가 국내에 있는 자산을 양도한 경우 양도소득과세표준에 적용되는 세율로 틀린 것은? (단, 해당 자산은 2025년 10월 중에 양도한 것이며, 주어진 자산이나 조건 또는 보유기간 등 그 밖의 사항은 고려하지 않고 답지항의 세액이 누진세율에 의한 세액보다 큼)
• 30회 수정

① 보유기간이 1년 이상 2년 미만인 등기된 상업용 건물: 100분의 40
② 보유기간이 1년 미만인 조합원입주권: 100분의 70
③ 거주자가 양도한 1년 미만 보유한 주택 분양권: 100분의 50
④ 양도소득과세표준이 1,400만원 이하인 등기된 비사업용 토지(지정지역에 있지 않음): 100분의 16
⑤ 미등기건물(미등기양도 제외 자산 아님): 100분의 70

키워드 양도소득세 세율

해설 거주자가 양도한 1년 미만 보유한 주택 분양권은 100분의 70의 세율을 적용한다(소득세법 제104조 제1항 제3호).

31 소득세법령상 거주자의 양도소득과세표준에 적용되는 세율에 관한 내용으로 옳은 것은? (단, 국내소재 자산을 2025년에 양도한 경우로서 주어진 자산 외에 다른 자산은 없으며, 비과세와 감면은 고려하지 않음) • 34회 수정

① 보유기간이 6개월인 등기된 상가건물: 100분의 40
② 보유기간이 10개월인 「소득세법」에 따른 분양권: 100분의 70
③ 보유기간이 1년 6개월인 등기된 상가건물: 100분의 30
④ 보유기간이 1년 10개월인 「소득세법」에 따른 조합원입주권: 100분의 70
⑤ 보유기간이 2년 6개월인 「소득세법」에 따른 분양권: 100분의 50

키워드 양도소득세 세율

해설 ① 보유기간이 6개월인 등기된 상가건물: 100분의 50
③ 보유기간이 1년 6개월인 등기된 상가건물: 100분의 40과 기본세율(6%~45%) 중 산출세액이 큰 세율
④ 보유기간이 1년 10개월인 「소득세법」에 따른 조합원입주권: 100분의 60
⑤ 보유기간이 2년 6개월인 「소득세법」에 따른 분양권: 100분의 60

정답 29 ③ 30 ③ 31 ②

제6절 미등기양도자산

32 소득세법상 과세표준에 70% 세율 적용 대상인 국내 미등기양도자산에 관한 설명으로 옳은 것은?
• 29회 수정

① 미등기양도자산도 양도소득에 대한 소득세의 비과세에 관한 규정을 적용할 수 있다.
② 건설업자가 「도시개발법」에 따라 공사용역 대가로 취득한 체비지를 토지구획환지처분공고 전에 양도하는 토지는 미등기양도자산에 해당하지 않는다.
③ 미등기양도자산의 양도소득금액 계산 시 양도소득기본공제를 적용할 수 있다.
④ 미등기양도자산은 양도소득세 산출세액에 100분의 70을 곱한 금액을 양도소득 결정세액에 더한다.
⑤ 미등기양도자산의 양도소득금액 계산 시 장기보유특별공제를 적용할 수 있다.

키워드 미등기양도자산에 대한 불이익
해설 ① 미등기양도자산은 양도소득에 대한 소득세의 비과세에 관한 규정을 적용할 수 없다.
③ 미등기양도자산의 양도소득금액 계산 시 양도소득기본공제를 적용할 수 없다.
④ 미등기양도자산은 과세표준에 100분의 70을 곱하여 산출세액을 구한다.
⑤ 미등기양도자산의 양도소득금액 계산 시 장기보유특별공제를 적용할 수 없다.

33 소득세법상 미등기양도자산(미등기양도 제외 자산 아님)인 상가건물의 양도에 관한 내용으로 옳은 것을 모두 고른 것은?
• 32회

> ㉠ 양도소득세율은 양도소득과세표준의 100분의 70
> ㉡ 장기보유특별공제 적용 배제
> ㉢ 필요경비개산공제 적용 배제
> ㉣ 양도소득기본공제 적용 배제

① ㉠, ㉡, ㉢
② ㉠, ㉡, ㉣
③ ㉠, ㉢, ㉣
④ ㉡, ㉢, ㉣
⑤ ㉠, ㉡, ㉢, ㉣

키워드 미등기양도 시 불이익

해설 ㉢ 미등기양도 시 저율의 필요경비개산공제를 적용한다(0.3% 등).

34 소득세법상 미등기양도 제외 자산을 모두 고른 것은?
• 32회

> ㉠ 양도소득세 비과세요건을 충족한 1세대 1주택으로서 「건축법」에 따른 건축허가를 받지 아니하여 등기가 불가능한 자산
> ㉡ 법원의 결정에 의하여 양도 당시 그 자산의 취득에 관한 등기가 불가능한 자산
> ㉢ 「도시개발법」에 따른 도시개발사업이 종료되지 아니하여 토지 취득등기를 하지 아니하고 양도하는 토지

① ㉠
② ㉡
③ ㉠, ㉡
④ ㉡, ㉢
⑤ ㉠, ㉡, ㉢

키워드 미등기양도 제외 자산

해설 ㉠㉡㉢ 모두 미등기양도 제외 자산에 해당된다.

이론플러스 미등기양도 제외 자산(소득세법 시행령 제168조)

1. 장기할부조건으로 취득한 자산으로서 그 계약조건에 의하여 양도 당시 그 자산의 취득에 관한 등기가 불가능한 자산
2. 법률의 규정 또는 법원의 결정에 의하여 양도 당시 그 자산의 취득에 관한 등기가 불가능한 자산
3. 농지의 교환 또는 분합으로 인하여 발생하는 소득에 대하여 비과세 또는 감면이 적용되는 농지 및 자경농지에 대한 양도소득세의 감면, 농지대토에 대한 양도소득세 감면 대상 농지
4. 양도소득세 비과세요건을 충족한 1세대 1주택으로서 「건축법」에 따른 건축허가를 받지 아니하여 등기가 불가능한 자산
5. 「도시개발법」에 따른 도시개발사업이 종료되지 아니하여 토지 취득등기를 하지 아니하고 양도하는 토지
6. 건설사업자가 「도시개발법」에 따라 공사용역 대가로 취득한 체비지를 토지구획환지처분공고 전에 양도하는 토지

정답 32 ② 33 ② 34 ⑤

제7절 국외자산 양도에 대한 양도소득세

35 소득세법상 국외자산의 양도에 대한 양도소득세 과세에 있어서 국내자산의 양도에 대한 양도소득세 규정 중 준용하지 <u>않는</u> 것은? • 27회

① 비과세 양도소득
② 양도소득과세표준의 계산
③ 기준시가의 산정
④ 양도소득의 부당행위계산
⑤ 양도 또는 취득의 시기

키워드 국외자산 양도

해설 국외자산은 기준시가규정을 준용하지 않는다.

이론플러스 국외자산 양도에 대한 준용규정

준용하는 규정	준용하지 않는 규정
㉠ 비과세 양도소득, 감면	㉠ 양도의 정의
㉡ 양도 또는 취득시기	㉡ 미등기양도자산에 대한 비과세 배제
㉢ 양도소득의 부당행위계산부인	㉢ 배우자, 직계존비속 간의 증여자산 이월과세
㉣ 감정가액, 환산취득가액 적용에 따른 가산세	㉣ 장기보유특별공제
㉤ 양도소득세의 분할납부	㉤ 기준시가의 산정

36 소득세법령상 거주자가 2025년에 양도한 국외자산의 양도소득세에 관한 설명으로 <u>틀린</u> 것은? (단, 거주자는 해당 국외자산 양도일까지 계속 5년 이상 국내에 주소를 두고 있으며, 국외 외화차입에 의한 취득은 없음) • 35회 수정

① 국외자산의 양도에 대한 양도소득이 있는 거주자는 양도소득 기본공제는 적용받을 수 있으나 장기보유 특별공제는 적용받을 수 없다.
② 국외 부동산을 양도하여 발생한 양도차손은 동일한 과세기간에 국내 부동산을 양도하여 발생한 양도소득금액에서 통산할 수 있다.
③ 국외 양도자산이 부동산임차권인 경우 등기 여부와 관계없이 양도소득세가 과세된다.
④ 국외자산의 양도가액은 그 자산의 양도 당시의 실지거래가액으로 한다. 다만, 양도 당시의 실지거래가액을 확인할 수 없는 경우에는 양도자산이 소재하는 국가의 양도 당시 현황을 반영한 시가에 따르되, 시가를 산정하기 어려울 때에는 그 자산의 종류, 규모, 거래상황 등을 고려하여 대통령으로 정하는 방법에 따른다.
⑤ 국외 양도자산이 양도 당시 거주자가 소유한 유일한 주택으로서 보유기간이 2년 이상인 경우에도 1세대 1주택 비과세 규정을 적용받을 수 없다.

키워드 국외자산 양도에 대한 양도소득세
해설 국외 부동산을 양도하여 발생한 양도차손은 동일한 과세기간에 국내 부동산을 양도하여 발생한 양도소득금액에서 통산할 수 없다.

정답 35 ③　36 ②

37 거주자 甲이 국외에 있는 양도소득세 과세대상 X토지를 양도함으로써 소득이 발생하였다. 다음 중 **틀린** 것은? (단, 해당 과세기간에 다른 자산의 양도는 없음) • 30회 수정

① 甲이 X토지의 양도일까지 계속 5년 이상 국내에 주소 또는 거소를 둔 경우에만 해당 양도소득에 대한 납세의무가 있다.
② 甲이 국외에서 외화를 차입하여 X토지를 취득한 경우 환율변동으로 인하여 외화차입금으로부터 발생한 환차익은 양도소득의 범위에서 제외한다.
③ X토지의 양도가액은 양도 당시의 실지거래가액으로 하는 것이 원칙이다.
④ X토지에 대한 양도차익에서 장기보유특별공제액을 공제한다.
⑤ X토지에 대한 양도소득금액에서 양도소득기본공제로 250만원을 공제할 수 있다.

키워드 국외자산 양도에 대한 양도소득세
해설 국외자산은 장기보유특별공제를 적용하지 아니한다.

38 소득세법상 거주자(해당 국외자산 양도일까지 계속 5년 이상 국내에 주소를 두고 있음)가 2025년에 양도한 국외자산의 양도소득세에 관한 설명으로 **틀린** 것은? (단, 국외 외화 차입에 의한 취득은 없음) • 31회 수정

① 국외에 있는 부동산에 관한 권리로서 미등기양도자산의 양도로 발생하는 소득은 양도소득의 범위에 포함된다.
② 국외토지의 양도에 대한 양도소득세를 계산하는 경우에는 장기보유특별공제액은 공제하지 아니한다.
③ 양도 당시의 실지거래가액이 확인되더라도 외국정부의 평가가액을 양도가액으로 먼저 적용한다.
④ 해당 과세기간에 다른 자산의 양도가 없을 경우 국외토지의 양도에 대한 양도소득이 있는 거주자에 대해서는 해당 과세기간의 양도소득금액에서 연 250만원을 공제한다.
⑤ 국외토지의 양도소득에 대하여 해당 외국에서 과세를 하는 경우로서 법령이 정한 그 국외자산 양도소득세액을 납부하였거나 납부할 것이 있을 때에는 외국납부세액의 세액공제방법과 필요경비 산입방법 중 하나를 선택하여 적용할 수 있다.

키워드 국외자산 양도에 대한 양도소득세

해설 국외자산의 양도가액은 그 자산의 양도 당시의 실지거래가액으로 한다. 다만, 양도 당시의 실지거래가액을 확인할 수 없는 경우에는 양도자산이 소재하는 국가의 양도 당시 현황을 반영한 시가에 따르되, 시가를 산정하기 어려울 때에는 그 자산의 종류, 규모, 거래상황 등을 고려하여 대통령령으로 정하는 방법에 따른다(소득세법 제118조의3 제1항).

39 중

거주자 甲은 2018년에 국외에 1채의 주택을 미화 1십만 달러(취득자금 중 일부 외화차입)에 취득하였고, 2025년에 동 주택을 미화 2십만 달러에 양도하였다. 이 경우 소득세법상 설명으로 틀린 것은? (단, 甲은 해당 자산의 양도일까지 계속 5년 이상 국내에 주소를 둠)

• 32회 수정

① 甲의 국외주택에 대한 양도차익은 양도가액에서 취득가액과 필요경비개산공제를 차감하여 계산한다.
② 甲의 국외주택 양도로 발생하는 소득이 환율변동으로 인하여 외화차입금으로부터 발생하는 환차익을 포함하고 있는 경우에는 해당 환차익을 양도소득의 범위에서 제외한다.
③ 甲의 국외주택 양도에 대해서는 해당 과세기간의 양도소득금액에서 연 250만원을 공제한다.
④ 甲은 국외주택을 3년 이상 보유하였음에도 불구하고 장기보유특별공제액은 공제하지 아니한다.
⑤ 甲은 국외주택의 양도에 대하여 양도소득세의 납세의무가 있다.

키워드 국외자산 양도

해설 국외자산 양도 시에는 기준시가의 산정 규정을 준용하지 않는다. 따라서 필요경비개산공제를 적용할 수 없다.

정답 37 ④ 38 ③ 39 ①

제8절   양도소득세 납세절차

40 소득세법상 양도소득세의 분할납부에 관한 설명으로 옳은 것은? • 25회 수정

① 양도소득세를 분할납부하고자 하는 자는 양도소득세 과세표준 확정신고기한이 끝난 후 10일 이내에 납세지 관할 세무서장에게 신청하여야 한다.
② 양도소득세의 분할납부는 양도한 연도의 납부세액이 1천만원 이하인 경우에 한한다.
③ 양도소득세의 분할납부는 납부기한이 지난 날부터 45일 이내로 한다.
④ 양도소득세의 분할납부는 예정신고납부 시에는 적용되지 않고 확정신고납부 시에만 적용된다.
⑤ 거주자가 양도소득세 확정신고에 따라 납부할 세액이 3천6백만원인 경우 최대 1천8백만원까지 분할납부할 수 있다.

키워드 양도소득세 분할납부

해설 ① 양도소득세를 분할납부하고자 하는 자는 양도소득세 과세표준 예정 및 확정신고기한까지 납세지 관할 세무서장에게 신청하여야 한다(소득세법 시행규칙 제85조).
② 양도소득세의 분할납부는 납부할 세액이 1천만원 초과인 경우에 한한다(소득세법 제112조).
③ 양도소득세의 분할납부는 납부기한이 지난 후 2개월 이내로 한다(소득세법 제112조).
④ 양도소득세의 분할납부는 예정신고 및 확정신고 시 모두 적용한다(소득세법 시행규칙 제85조).

41 소득세법상 사업자가 아닌 거주자 甲이 2025년 5월 15일에 토지(토지거래계약에 관한 허가구역 외의 존재)를 양도하였고, 납부할 양도소득세액은 1천5백만원이다. 이 토지의 양도소득세 신고납부에 관한 설명으로 틀린 것은? (단, 과세기간 중 당해 거래 이외에 다른 양도거래는 없고, 답지항은 서로 독립적이며 주어진 조건 외에는 고려하지 않음)

• 26회 수정

① 2025년 7월 31일까지 양도소득과세표준을 납세지 관할 세무서장에게 예정신고 하여야 한다.
② 예정신고를 하지 않은 경우 확정신고를 하면, 예정신고에 대한 가산세는 부과되지 아니한다.
③ 예정신고하는 경우 양도소득세의 분할납부가 가능하다.
④ 예정신고를 한 경우에는 확정신고를 하지 아니할 수 있다.
⑤ 예정신고 시 양도소득세를 분할납부하고자 하는 경우, 예정신고기한까지 납세지 관할 세무서장에게 신청하여야 한다.

키워드 양도소득세 신고납부

해설 예정신고는 강제사항으로 무신고 시 가산세가 부과될 수 있다. 다만, 예정신고기한까지 예정신고를 하지 아니하였으나 확정신고기한까지 과세표준신고를 한 경우(과세표준과 세액을 경정할 것을 미리 알고 과세표준신고를 하는 경우는 제외한다) 해당 가산세의 100분의 50을 감면한다(국세기본법 제48조 제2항 제3호 라목).

정답 40 ⑤ 41 ②

42 중 소득세법상 거주자의 양도소득과세표준의 신고 및 납부에 관한 설명으로 옳은 것은?

• 27회 수정

① 2025년 3월 21일에 주택을 양도하고 잔금을 청산한 경우 2025년 6월 30일에 예정신고할 수 있다.
② 확정신고납부 시 납부할 세액이 1천6백만원인 경우 6백만원을 분납할 수 있다.
③ 예정신고납부 시 납부할 세액이 2천만원인 경우 분납할 수 없다.
④ 양도차손이 발생한 경우 예정신고하지 아니한다.
⑤ 예정신고하지 않은 거주자가 해당 과세기간의 과세표준이 없는 경우 확정신고하지 아니한다.

키워드 양도소득세 납세절차

해설 ① 2025년 3월 21일에 주택을 양도하고 잔금을 청산한 경우 2025년 5월 31일까지 예정신고하여야 한다(소득세법 제105조 제1항 제1호).
③ 거주자로서 예정신고 또는 확정신고에 따라 납부할 세액이 각각 1천만원을 초과하는 자는 그 납부할 세액의 일부를 납부기한이 지난 후 2개월 이내에 분할납부할 수 있다(소득세법 제112조).
④ 양도차익이 없거나 양도차손이 발생한 경우에도 예정신고하여야 한다(소득세법 제105조 제3항).
⑤ 해당 과세기간의 과세표준이 없거나 결손금액이 있는 경우에도 확정신고하여야 한다(소득세법 제110조 제2항).

43 소득세법상 거주자의 양도소득세 신고 및 납부에 관한 설명으로 옳은 것은?

• 29회 수정

① 토지 또는 건물을 양도한 경우에는 그 양도일이 속하는 분기의 말일부터 2개월 이내에 양도소득과세표준을 신고해야 한다.
② 양도차익이 없거나 양도차손이 발생한 경우에는 양도소득과세표준 예정신고 의무가 없다.
③ 건물을 신축하고 그 신축한 건물의 취득일부터 5년 이내에 해당 건물을 양도하는 경우로서 취득 당시의 실지거래가액을 확인할 수 없어 환산취득가액을 그 취득가액으로 하는 경우에는 양도소득세 산출세액의 100분의 5에 해당하는 금액을 양도소득 결정세액에 더한다.
④ 양도소득과세표준 예정신고 시에는 납부할 세액이 1천만원을 초과하더라도 그 납부할 세액의 일부를 분할납부할 수 없다.
⑤ 당해 연도에 누진세율의 적용대상 자산에 대한 예정신고를 2회 이상 한 자가 법령에 따라 이미 신고한 양도소득금액과 합산하여 신고하지 아니한 경우 양도소득세 확정신고를 해야 한다.

키워드 양도소득세 납세절차

해설 ① 토지 또는 건물을 양도한 경우에는 그 양도일이 속하는 달의 말일부터 2개월 이내에 양도소득과세표준을 예정신고해야 한다(소득세법 제105조 제1항 제1호).
② 양도차익이 없거나 양도차손이 발생한 경우에도 양도소득과세표준 예정신고를 하여야 한다(소득세법 제105조 제3항).
③ 건물을 신축하고 그 신축한 건물의 취득일부터 5년 이내에 해당 건물을 양도하는 경우로서 취득 당시의 실지거래가액을 확인할 수 없어 환산취득가액을 그 취득가액으로 하는 경우에는 환산취득가액의 100분의 5에 해당하는 금액을 양도소득 결정세액에 더한다(소득세법 제114조의2 제1항).
④ 양도소득과세표준 예정신고 시에는 납부할 세액이 1천만원을 초과하는 경우에는 그 납부할 세액의 일부를 납부기한이 지난 후 2개월 이내에 분할납부할 수 있다(소득세법 제112조).
⑤ 「소득세법 시행령」 제173조 제5항 제1호

44 소득세법상 거주자의 국내 토지에 대한 양도소득과세표준 및 세액의 신고·납부에 관한 설명으로 틀린 것은?
• 31회

① 법령에 따른 부담부증여의 채무액에 해당하는 부분으로서 양도로 보는 경우 그 양도일이 속하는 달의 말일부터 3개월 이내에 양도소득과세표준을 납세지 관할 세무서장에게 신고하여야 한다.
② 예정신고납부를 하는 경우 예정신고 산출세액에서 감면세액을 빼고 수시부과세액이 있을 때에는 이를 공제하지 아니한 세액을 납부한다.
③ 예정신고납부할 세액이 2천만원을 초과하는 때에는 그 세액의 100분의 50 이하의 금액을 납부기한이 지난 후 2개월 이내에 분할납부할 수 있다.
④ 당해 연도에 누진세율의 적용대상 자산에 대한 예정신고를 2회 이상 한 자가 법령에 따라 이미 신고한 양도소득금액과 합산하여 신고하지 아니한 경우에는 양도소득과세표준의 확정신고를 하여야 한다.
⑤ 양도차익이 없거나 양도차손이 발생한 경우에도 양도소득과세표준의 예정신고를 하여야 한다.

키워드 양도소득세 신고납부

해설 거주자가 예정신고를 할 때에는 산출세액에서 「조세특례제한법」이나 그 밖의 법률에 따른 감면세액을 뺀 세액을 대통령령으로 정하는 바에 따라 납세지 관할 세무서, 한국은행 또는 체신관서에 납부하여야 한다. 예정신고납부를 하는 경우 수시부과세액이 있을 때에는 이를 공제하여 납부한다(소득세법 제106조).

45 소득세법상 거주자의 양도소득세 신고납부에 관한 설명으로 옳은 것은? • 33회

① 건물을 신축하고 그 취득일부터 3년 이내에 양도하는 경우로서 감정가액을 취득가액으로 하는 경우에는 그 감정가액의 100분의 3에 해당하는 금액을 양도소득 결정세액에 가산한다.
② 공공사업의 시행자에게 수용되어 발생한 양도소득세액이 2천만원을 초과하는 경우 납세의무자는 물납을 신청할 수 있다.
③ 과세표준 예정신고와 함께 납부하는 때에는 산출세액에서 납부할 세액의 100분의 5에 상당하는 금액을 공제한다.
④ 예정신고납부할 세액이 1천5백만원인 자는 그 세액의 100분의 50의 금액을 납부기한이 지난 후 2개월 이내에 분할납부할 수 있다.
⑤ 납세의무자가 법정신고기한까지 양도소득세의 과세표준신고를 하지 아니한 경우(부정행위로 인한 무신고는 제외)에는 그 무신고납부세액의 100분의 20을 곱한 금액을 가산세로 한다.

키워드 양도소득세 납세절차

해설 ① 건물을 신축하고 그 취득일부터 5년 이내에 양도하는 경우로서 감정가액을 취득가액으로 하는 경우에는 그 감정가액의 100분의 5에 해당하는 금액을 양도소득 결정세액에 가산한다(소득세법 제114조의2 제1항).
② 양도소득세는 물납을 신청할 수 없다.
③ 양도소득세 예정신고시 세액공제제도는 없다.
④ 납부할 세액이 2천만원 이하인 때에는 1천만원을 초과하는 금액을 분할납부할 수 있다(소득세법 시행령 제175조 제1호).
⑤ 납세의무자가 법정신고기한까지 양도소득세의 과세표준신고를 하지 아니한 경우(부정행위로 인한 무신고는 제외)에는 그 무신고납부세액의 100분의 20을 곱한 금액을 가산세로 한다(국세기본법 제47조의2 제1항).

정답 44 ② 45 ⑤

46 소득세법상 거주자의 양도소득세 징수와 환급에 관한 설명으로 옳은 것은? • 33회

① 과세기간별로 이미 납부한 확정신고세액이 관할 세무서장이 결정한 양도소득 총결정세액을 초과한 경우 다른 국세에 충당할 수 없다.
② 양도소득과세표준과 세액을 결정 또는 경정한 경우 관할 세무서장이 결정한 양도소득 총결정세액이 이미 납부한 확정신고세액을 초과할 때에는 그 초과하는 세액을 해당 거주자에게 알린 날부터 30일 이내에 징수한다.
③ 양도소득세 과세대상 건물을 양도한 거주자는 부담부증여의 채무액을 양도로 보는 경우 예정신고 없이 확정신고를 하여야 한다.
④ 양도소득세 납세의무의 확정은 납세의무자의 신고에 의하지 않고 관할 세무서장의 결정에 의한다.
⑤ 이미 납부한 확정신고세액이 관할 세무서장이 결정한 양도소득 총결정세액을 초과할 때에는 해당 결정일부터 90일 이내에 환급해야 한다.

키워드 양도소득세 부과 및 징수

해설 ①⑤ 납세지 관할 세무서장은 과세기간별로 확정신고납부세액 등이 양도소득 총결정세액을 초과할 때에는 그 초과하는 세액을 환급하거나 다른 국세 및 강제징수비에 충당하여야 한다(소득세법 제117조).
② 양도소득과세표준과 세액을 결정 또는 경정한 경우 관할 세무서장이 결정한 양도소득 총결정세액이 이미 납부한 확정신고세액을 초과할 때에는 그 초과하는 세액을 해당 거주자에게 알린 날부터 30일 이내에 징수한다(소득세법 제116조 제2항).
③ 부담부증여의 채무액에 해당하는 부분으로서 양도로 보는 경우에는 그 양도일이 속하는 달의 말일부터 3개월 이내에 예정신고를 하여야 한다(소득세법 제105조 제1항 제3호).
④ 양도소득세 납세의무의 확정은 납세의무자의 신고에 의하는 것을 원칙으로 한다.

제9절 양도소득세 종합문제

47 소득세법령상 거주자의 국내자산 양도에 대한 양도소득세에 관한 설명으로 옳은 것은?
• 35회

① 부담부증여의 채무액에 해당하는 부분으로 양도로 보는 경우에는 그 양도일이 속하는 달의 말일부터 2개월 이내에 양도소득세를 신고하여야 한다.
② 토지를 매매하는 거래당사자가 매매계약서의 거래가액을 실지거래가액과 다르게 적은 경우에는 해당 자산에 대하여 「소득세법」에 따른 양도소득세의 비과세에 관한 규정을 적용할 때, 비과세 받을 세액에서 '비과세에 관한 규정을 적용하지 아니하였을 경우와 양도소득 산출세액'과 '매매계약서의 거래가액과 실지거래가액과의 차액' 중 큰 금액을 뺀다.
③ 사업상의 형편으로 인하여 세대전원이 다른 시·군으로 주거를 이전하게 되어 6개월 거주한 주택을 양도하는 경우 보유기간 및 거주기간의 제한을 받지 아니하고 양도소득세가 비과세된다.
④ 토지의 양도로 발생한 양도차손은 동일한 과세기간에 전세권의 양도로 발생한 양도소득금액에서 공제할 수 있다.
⑤ 상속받은 주택과 상속개시 당시 보유한 일반주택을 국내에 각각 1개씩 소유한 1세대가 상속받은 주택을 양도하는 경우에는 국내에 1개의 주택을 소유하고 있는 것으로 보아 1세대 1주택 비과세 규정을 적용한다.

키워드 양도소득세 종합문제

해설
① 부담부증여의 채무액에 해당하는 부분으로 양도로 보는 경우에는 그 양도일이 속하는 달의 말일부터 3개월 이내에 양도소득세를 신고하여야 한다(소득세법 제105조 제1항 제3호).
② 토지를 매매하는 거래당사자가 매매계약서의 거래가액을 실지거래가액과 다르게 적은 경우에는 해당 자산에 대하여 「소득세법」에 따른 양도소득세의 비과세에 관한 규정을 적용할 때, 비과세 받을 세액에서 '비과세에 관한 규정을 적용하지 아니하였을 경우와 양도소득 산출세액'과 '매매계약서의 거래가액과 실지거래가액과의 차액' 중 적은 금액을 뺀다(소득세법 제91조 제2항 제1호).
③ 근무상의 형편으로 인하여 세대전원이 다른 시·군으로 주거를 이전하게 되어 1년 이상 거주한 주택을 양도하는 경우 보유기간 및 거주기간의 제한을 받지 아니하고 양도소득세가 비과세된다(소득세법 시행령 제154조 제1항 제3호).
④ 「소득세법」 제102조 제2항
⑤ 상속받은 주택과 상속개시 당시 보유한 일반주택을 국내에 각각 1개씩 소유한 1세대가 일반주택을 양도하는 경우에는 국내에 1개의 주택을 소유하고 있는 것으로 보아 1세대 1주택 비과세 규정을 적용한다(소득세법 시행령 제155조 제2항).

정답 46 ② 47 ④

48 지방세법상 거주자의 국내자산 양도소득에 대한 지방소득세에 관한 설명으로 **틀린 것은?** (단, 해당 자산은 2025년 10월 중에 양도한 것이며, 주어진 자산이나 조건 또는 보유기간 등 그 밖의 사항은 고려하지 않음)

• 27회 수정

① 양도소득에 대한 개인지방소득세 과세표준은 종합소득 및 퇴직소득에 대한 개인지방소득세 과세표준과 구분하여 계산한다.
② 양도소득에 대한 개인지방소득세의 세액이 2천원인 경우에는 이를 징수하지 아니한다.
③ 양도소득에 대한 개인지방소득세의 공제세액이 산출세액을 초과하는 경우 그 초과금액은 없는 것으로 한다.
④ 양도소득에 대한 개인지방소득세 과세표준은 「소득세법」상 양도소득과세표준으로 하는 것이 원칙이다.
⑤ 「소득세법」상 보유기간이 8개월인 주택조합원입주권의 세율은 양도소득에 대한 개인지방소득세 과세표준의 1천분의 70을 적용한다.

키워드 지방소득세

해설 지방소득세로 징수할 세액이 고지서 1장당 2천원 미만인 경우에는 그 지방소득세를 징수하지 아니한다(지방세법 제103조의60).

49 소득세법상 농지에 관한 설명으로 틀린 것은?

• 30회

① 농지란 논밭이나 과수원으로서 지적공부의 지목과 관계없이 실제로 경작에 사용되는 토지를 말하며, 농지의 경영에 직접 필요한 농막, 퇴비사, 양수장, 지소(池沼), 농도(農道) 및 수로(水路) 등에 사용되는 토지를 포함한다.

② 「국토의 계획 및 이용에 관한 법률」에 따른 주거지역·상업지역·공업지역 외에 있는 농지(환지예정지 아님)를 경작상 필요에 의하여 교환함으로써 발생한 소득은 쌍방 토지가액의 차액이 가액이 큰 편의 4분의 1 이하이고 새로이 취득한 농지를 3년 이상 농지소재지에 거주하면서 경작하는 경우 비과세한다.

③ 농지로부터 직선거리 30km 이내에 있는 지역에 사실상 거주하는 자가 그 소유농지에서 농작업의 2분의 1 이상을 자기의 노동력에 의하여 경작하는 경우 비사업용 토지에서 제외한다(단, 농지는 도시지역 외에 있으며, 소유기간 중 재촌과 자경에 변동이 없고 농업에서 발생한 소득 이외에 다른 소득은 없음).

④ 「국토의 계획 및 이용에 관한 법률」에 따른 개발제한구역에 있는 농지는 비사업용 토지에 해당한다(단, 소유기간 중 개발제한구역 지정·변경은 없음).

⑤ 비사업용 토지에 해당하는지 여부를 판단함에 있어 농지의 판정은 소득세법령상 규정이 있는 경우를 제외하고 사실상의 현황에 의하며 사실상의 현황이 분명하지 아니한 경우에는 공부상의 등재현황에 의한다.

키워드 농지 양도 시 과세문제

해설 「국토의 계획 및 이용에 관한 법률」에 따른 개발제한구역에 있는 농지는 비사업용 토지에 해당하지 아니한다(소득세법 시행령 제168조의9 제1항 제8호).

정답 48 ② 49 ④

50 소득세법상 국내에 있는 자산의 기준시가 산정에 관한 설명으로 틀린 것은? • 30회

① 개발사업 등으로 지가가 급등하거나 급등우려가 있는 지역으로서 국세청장이 지정한 지역에 있는 토지의 기준시가는 배율방법에 따라 평가한 가액으로 한다.
② 상업용 건물에 대한 새로운 기준시가가 고시되기 전에 취득 또는 양도하는 경우에는 직전의 기준시가에 의한다.
③ 「민사집행법」에 의한 저당권실행을 위하여 토지가 경매되는 경우의 그 경락가액이 개별공시지가보다 낮은 경우에는 그 차액을 개별공시지가에서 차감하여 양도당시 기준시가를 계산한다(단, 지가 급등 지역 아님).
④ 부동산을 취득할 수 있는 권리에 대한 기준시가는 양도자산의 종류를 고려하여 취득일 또는 양도일까지 납입한 금액으로 한다.
⑤ 국세청장이 지정하는 지역에 있는 오피스텔의 기준시가는 건물의 종류, 규모, 거래상황, 위치 등을 고려하여 매년 1회 이상 국세청장이 토지와 건물에 대하여 일괄하여 산정·고시하는 가액으로 한다.

키워드 기준시가

해설 부동산을 취득할 수 있는 권리에 대한 기준시가는 취득일 또는 양도일까지 납입한 금액과 취득일 또는 양도일 현재의 프리미엄에 상당하는 금액을 합한 금액을 말한다(소득세법 시행령 제165조 제1항).

51 소득세법상 거주자의 양도소득과 관련된 다음 자료에 의한 양도소득세 감면액은? (단, 조세특례제한법은 고려하지 않음)

• 31회 수정

• 양도소득과세표준	20,000,000원
• 감면대상 양도소득금액	7,500,000원
• 양도소득기본공제	2,500,000원
• 양도소득 산출세액	10,000,000원
• 감면율	50%

① 1,250,000원
② 1,875,000원
③ 2,500,000원
④ 3,750,000원
⑤ 5,000,000원

키워드 양도소득세 감면세액

해설 양도소득세 감면세액은 다음과 같다(소득세법 제90조).

$$\text{양도소득세 감면액} = A \times \frac{(B - C)}{D} \times E$$

A: 「소득세법」 제104조에 따른 양도소득 산출세액
B: 감면대상 양도소득금액
C: 「소득세법」 제103조 제2항에 따른 양도소득기본공제
D: 「소득세법」 제92조에 따른 양도소득과세표준
E: 「소득세법」 또는 다른 조세에 관한 법률에서 정한 감면율

과세표준이 2천만원이면 양도소득금액은 22,500,000원이며 감면대상 양도소득금액이 7,500,000원이라고 주어졌으므로 감면대상 외 소득금액은 15,000,000원이 된다. 양도소득기본공제는 감면 외 소득금액에서 우선 공제한다.

따라서 1천만원 × $\frac{(750만원 - 기본공제 0)}{2천만원}$ = 375만원,

375만원 × 50% = 1,875,000원이다(기본공제는 감면 외 소득금액에서 우선 공제했으므로 감면액 산정 시 차감할 기본공제액은 없음).

정답 50 ④ 51 ②

52 거주자인 개인 甲이 乙로부터 부동산을 취득하여 보유하고 있다가 丙에게 양도하였다. 甲의 부동산 관련 조세의 납세의무에 관한 설명으로 **틀린** 것은? (단, 주어진 조건 외에는 고려하지 않음)
• 32회

① 甲이 乙로부터 증여받은 것이라면 그 계약일에 취득세 납세의무가 성립한다.

② 甲이 乙로부터 부동산을 취득 후 재산세 과세기준일까지 등기하지 않았다면 재산세와 관련하여 乙은 부동산 소재지 관할 지방자치단체의 장에게 소유권변동사실을 신고할 의무가 있다.

③ 甲이 종합부동산세를 신고납부방식으로 납부하고자 하는 경우 과세표준과 세액을 해당 연도 12월 1일부터 12월 15일까지 관할 세무서장에게 신고하는 때에 종합부동산세 납세의무는 확정된다.

④ 甲이 乙로부터 부동산을 40만원에 취득한 경우 등록면허세 납세의무가 있다.

⑤ 양도소득세의 예정신고만으로 甲의 양도소득세 납세의무가 확정되지 아니한다.

키워드 양도소득세 종합문제

해설 양도소득세의 예정신고만으로도 甲의 양도소득세 납세의무가 확정된다(국세기본법 제22조 제2항 제1호).

정답 52 ⑤

부록

중요 지문 OX

PART 1 조세총론

CHAPTER 01 | 조세의 기초이론

01 지방교육세는 국내 소재 부동산의 보유단계에서 부담할 수 있는 세목이다. (○ | ×)

02 「지방세기본법」상 과소신고가산세(사기나 그 밖의 부정한 행위로 인하지 않은 경우)는 과소신고분 세액의 100분의 20에 상당하는 금액이다. (○ | ×)

03 '보통징수'란 지방세를 징수할 때 편의상 징수할 여건이 좋은 자로 하여금 징수하게 하고 그 징수한 세금을 납부하게 하는 것을 말한다. (○ | ×)

04 '지방자치단체의 징수금'이란 지방세 및 체납처분비를 말한다. (○ | ×)

05 「지방세기본법」상 '납세자'란 납세의무자(연대납세의무자와 제2차 납세의무자 및 보증인 포함)만을 말한다. (○ | ×)

06 서류송달을 받아야 할 자의 주소 또는 영업소가 분명하지 아니한 경우에는 서류의 주요 내용을 공고한 날부터 14일이 지나면 서류의 송달이 된 것으로 본다. (○ | ×)

CHAPTER 02 | 납세의무의 성립·확정·소멸

01 거주자의 양도소득에 대한 지방소득세는 매년 3월 31일에 납세의무가 성립한다. (○ | ×)

02 사업소분 주민세는 매년 7월 1일에 납세의무가 성립한다. (○ | ×)

03 재산세는 원칙적으로 과세관청의 결정에 의하여 납세의무가 확정된다. (○ | ×)

정답과 해설

CHAPTER 01 ▶ 01 ○ **02** ×, 과소신고분 세액의 100분의 10에 상당하는 금액이다. **03** ×, '특별징수'란 지방세를 징수할 때 편의상 징수할 여건이 좋은 자로 하여금 징수하게 하고 그 징수한 세금을 납부하게 하는 것을 말한다.
04 ○ **05** ×, '납세자'란 납세의무자(연대납세의무자와 제2차 납세의무자 및 보증인 포함)와 특별징수의무자를 말한다.
06 ○ **CHAPTER 02 ▶ 01** ×, 과세기간이 끝나는 때에 납세의무가 성립한다. **02** ○ **03** ○

04 「국세기본법」상 사기나 그밖의 부정한 행위로 주택의 양도소득세를 포탈한 경우 국세부과의 제척기간은 이를 부과할 수 있는 날부터 10년간이다. (O | X)

05 납세자가 법정신고기한까지 소득세의 과세표준신고서를 제출하지 아니하여 해당 지방소득세를 부과할수 없는 경우에 지방세 부과제척기간은 5년이다. (O | X)

06 납세의무자의 사망으로 상속이 개시된 때 납세의무는 소멸한다. (O | X)

CHAPTER 03 | 조세와 타 채권과의 관계

01 납세담보물 매각 시 압류에 관계되는 조세채권은 담보 있는 조세채권보다 우선한다. (O | X)

02 재산의 매각대금 배분 시 당해 재산에 부과된 재산세는 당해 재산에 설정된 저당권에 따라 담보된 채권보다 우선한다. (O | X)

03 취득세 신고서를 납세지 관할 지방자치단체장에게 제출한 날 전에 저당권설정등기 사실이 증명되는 재산을 매각하여 그 매각금액에서 취득세를 징수하는 경우, 저당권에 따라 담보된 채권은 취득세에 우선한다. (O | X)

04 부동산임대에 따른 종합소득세는 저당권설정시기와 관계없이 저당권에 따라 담보된 채권에 우선하여 징수하는 세목에 해당한다. (O | X)

05 강제집행으로 부동산을 매각할 때 그 매각금액 중에 국세를 징수하는 경우, 강제집행비용은 국세에 우선한다. (O | X)

06 재산의 매각대금 배분 시 당해 재산에 부과된 종합부동산세는 당해 재산에 설정된 저당권에 따라 담보된 채권보다 우선한다. (O | X)

정답과 해설

04 O **05** ×, 7년이다. **06** ×, 납세의무는 승계된다. **CHAPTER 03 ▶ 01** ×, 납세담보가 되어 있는 재산을 매각하였을 때에는 압류에 의한 우선 규정에도 불구하고 담보에 관계되는 조세, 체납처분비(강제집행비용)는 다른 조세, 체납처분비(강제집행비용)에 우선한다. **02** O **03** O **04** ×, 취득세, 종합소득세 등은 당해세에 해당하지 아니한다. **05** O **06** O

CHAPTER 04 | 조세의 불복제도

01   지방세에 관한 불복 시 불복청구인은 이의신청을 거치지 않고 심판청구를 제기할 수 없다.   (○ | ×)

02   「지방세기본법」에 따른 과태료의 부과처분을 받은 자는 이의신청 또는 심판청구를 할 수 없다.   (○ | ×)

03   지방세에 대한 심판청구는 그 처분의 집행에 효력이 미치지 아니하지만 압류한 재산에 대하여는 심판청구의 결정이 있는 날부터 30일까지 그 공매처분을 보류할 수 있다.   (○ | ×)

04   지방세에 대한 이의신청인은 신청금액이 2천만원 미만인 경우에는 그의 배우자, 4촌 이내의 혈족 또는 그의 배우자의 4촌 이내의 혈족을 대리인으로 선임할 수 있다.   (○ | ×)

05   국세에 대한 심사청구가 이유 없다고 인정될 때에는 청구를 각하하는 결정을 한다.   (○ | ×)

06   보정기간은 이의신청 등의 결정기간에 포함하지 아니한다.   (○ | ×)

07   통고처분은 이의신청 또는 심판청구의 대상이 되는 처분에 포함된다.   (○ | ×)

정답과 해설

CHAPTER 04 ▶ **01** ×, 이의신청은 임의절차이므로 이의신청을 거치지 않고 심판청구를 제기할 수 있다.   **02** ○   **03** ○   **04** ○   **05** ×, 기각하는 결정을 한다.   **06** ○   **07** ×, 통고처분은 이의신청 또는 심판청구의 대상이 되는 처분에 포함되지 아니한다.

PART 2 지방세

CHAPTER 01 | 취득세

01 건축물 중 조작설비로서 그 주체구조부와 하나가 되어 건축물로서의 효용가치를 이루고 (○ | ×)
있는 것에 대하여는 주체구조부 취득자 외의 자가 가설한 경우에도 주체구조부의 취득자
가 함께 취득한 것으로 본다.

02 토지의 지목을 사실상 변경함으로써 그 가액이 증가한 경우에는 취득으로 보지 아니한다. (○ | ×)

03 「도시 및 주거환경정비법」 제35조 제3항에 따른 재건축조합이 재건축사업을 하면서 조 (○ | ×)
합원으로부터 취득하는 토지 중 조합원에게 귀속되지 아니하는 토지를 취득하는 경우
에는 「도시 및 주거환경정비법」 제86조 제2항에 따른 소유권이전고시일에 그 토지를 취
득한 것으로 본다.

04 「민법」 제839조의2에 따른 재산분할로 인한 취득의 경우 취득물건의 등기일 또는 등록 (○ | ×)
일에 취득한 것으로 본다.

05 법인이 연부로 취득하는 경우 연부계약에 따른 이자상당액은 「지방세법」상 사실상의 (○ | ×)
취득가격 또는 연부금액을 취득세의 과세표준으로 하는 경우 취득가격 또는 연부금액에
포함되지 않는다.

06 건축(신축·재축 제외)으로 인하여 건축물 면적이 증가할 때에는 그 증가된 부분에 대하여 (○ | ×)
원시취득으로 보아 해당 세율을 적용한다.

07 「주택법」에 따른 주택조합이 비조합원용 부동산을 취득하는 경우는 「지방세법」상 신탁 (○ | ×)
(신탁법에 따른 신탁으로서 신탁등기가 병행되는 것임)으로 인한 신탁재산의 취득이라도
취득세가 부과된다.

정답과 해설

CHAPTER 01 ▶ **01** ○ **02** ×, 취득한 것으로 본다. **03** ×, 소유권이전고시일의 다음 날에 그 토지를 취득한 것으로 본다. **04** ○ **05** ×, 개인의 경우는 포함되지 않지만 법인의 경우는 포함된다. **06** ○ **07** ○

08 취득세 과세물건을 취득한 후에 그 과세물건이 중과세율의 적용대상이 되었을 때에는 (○ | ×)
중과세율을 적용하여 산출한 세액에서 이미 납부한 세액(가산세 포함)을 공제한 금액을
세액으로 하여 신고·납부하여야 한다.

09 무상승계취득한 취득물건을 취득일에 등기·등록한 후 화해조서·인낙조서에 의하여 (○ | ×)
취득일이 속하는 달의 말일부터 3개월 이내에 계약이 해제된 사실을 입증하는 경우에는
취득한 것으로 보지 아니한다.

10 부동산의 취득은 「민법」 등 관계 법령에 따른 등기·등록 등을 하지 아니한 경우라도 (○ | ×)
사실상 취득하면 취득한 것으로 본다.

CHAPTER 02 | 등록에 대한 등록면허세

01 취득세 부과제척기간이 지난 주택의 등기에 대해서는 「지방세법」상 등록면허세가 과세 (○ | ×)
된다.

02 지역권설정 시 요역지가액의 1천분의 2의 세율이 적용된다. (○ | ×)

03 임차권설정 및 이전등기는 임차보증금의 1천분의 2의 세율이 적용된다. (○ | ×)

04 등기·등록관서의 장은 등기 또는 등록 후에 등록면허세가 납부되지 아니하였거나 납부 (○ | ×)
부족액을 발견한 경우에는 다음 달 10일까지 납세지를 관할하는 시장·군수·구청장
에게 통보하여야 한다.

05 등록을 하려는 자가 등록면허세 신고의무를 다하지 않고 산출세액을 등록 전까지 납부한 (○ | ×)
경우 「지방세기본법」에 따른 무신고가산세를 부과한다.

06 부동산등기에 대한 등록면허세의 납세지는 부동산 소재지이다. (○ | ×)

07 같은 등록에 관계되는 재산이 둘 이상의 지방자치단체에 걸쳐 있어 등록면허세를 지방 (○ | ×)
자치단체별로 부과할 수 없을 때에는 등록관청 소재지를 납세지로 한다.

정답과 해설

08 ×, 이미 납부한 세액에 가산세는 제외한다. 09 ×, 등기·등록한 경우에는 취득한 것으로 본다. 10 ○
CHAPTER 02 ▶ 01 ○ 02 ○ 03 ×, 월임대차금액의 1천분의 2의 세율이 적용된다. 04 ○ 05 ×, 신고를 하
고 납부한 것으로 보아 가산세가 부과되지 아니한다. 06 ○ 07 ○

08 등록면허세의 과세표준을 채권금액으로 과세액을 정하는 경우에 일정한 채권금액이 없을 때에는 채권의 목적이 된 것의 가액 또는 처분의 제한의 목적이 된 금액을 그 채권금액으로 본다. (O | X)

09 무덤과 이에 접속된 부속시설물의 부지로 사용되는 토지로서 지적공부상 지목이 묘지인 토지에 관한 등기에 대하여는 등록면허세를 부과하지 아니한다. (O | X)

10 전세권설정등기에 대한 등록면허세의 산출세액이 건당 6천원보다 적을 때에는 등록면허세를 부과하지 아니한다. (O | X)

CHAPTER 03 | 재산세

01 재산세 과세 시 주택의 부속토지의 경계가 명백하지 아니한 경우에는 그 주택의 바닥면적의 10배에 해당하는 토지를 주택의 부속토지로 한다. (O | X)

02 1구(構)의 건물이 주거와 주거 외의 용도로 사용되고 있는 경우 주거용으로 사용되는 면적이 전체의 100분의 40인 경우에는 주택으로 본다. (O | X)

03 「신탁법」에 따라 위탁자별로 구분되어 수탁자 명의로 등기·등록된 신탁재산의 경우 납세의무자는 수탁자이다. (O | X)

04 상속이 개시된 재산으로서 상속등기가 이행되지 아니하고 사실상의 소유자를 신고하지 아니하였을 때에는 공동상속인 각자가 받았거나 받을 재산에 따라 납부할 의무를 진다. (O | X)

05 토지에 대한 재산세 과세표준은 사실상 취득가격이 증명되는 때에는 장부가액으로 한다. (O | X)

06 납세의무자가 해당 지방자치단체 관할 구역에 2개 이상의 주택을 소유하고 있는 경우 그 주택의 가액을 모두 합한 금액을 과세표준으로 하여 주택의 세율을 적용한다. (O | X)

정답과 해설

08 ○　09 ○　10 ×, 6천원으로 한다.　**CHAPTER 03 ▶** 01 ○　02 ×, 주거용으로 사용되는 면적이 전체의 100분의 50 이상인 경우 주택으로 본다.　03 ×, 위탁자이다.　04 ×, 상속이 거시된 재산으로서 상속등기가 이행되지 아니하고 사실상의 소유자를 신고하지 아니하였을 때에는 주된 상속자가 납세의두를 진다.　05 ×, 과세기준일 현재 시가표준액에 공정시장가액비율을 곱한 금액으로 한다.　06 ×, 주택별로 세율을 적용한다.

07 지방자치단체의 장은 조례로 정하는 바에 따라 표준세율의 100분의 50의 범위에서 (○ | ×) 가감할 수 있으며, 가감한 세율은 해당 연도부터 3년간 적용한다.

08 재산세를 부과하는 해당 연도에 철거하기로 계획이 확정되어 재산세 과세기준일 현재 (○ | ×) 행정관청으로부터 철거명령을 받은 주택과 그 부속토지인 대지는 재산세 비과세대상 이다.

09 물납하려는 자는 행정안전부령으로 정하는 서류를 갖추어 그 납부기한 10일 전까지 (○ | ×) 납세지를 관할하는 시장·군수·구청장에게 신청하여야 한다.

10 주택분 재산세로서 해당 연도에 부과할 세액이 20만원 이하인 경우 9월 30일 납기로 (○ | ×) 한꺼번에 부과·징수한다.

정답과 해설

07 ×, 해당 연도에만 적용한다. **08** ×, 부속토지는 과세대상이다. **09** ○ **10** ×, 7월 16일부터 7월 31일을 납기로 한꺼번에 부과·징수할 수 있다.

PART 3 국세

CHAPTER 01 | 종합부동산세

01 회원제 골프장용 토지(회원제 골프장업의 등록 시 구분등록의 대상이 되는 토지)의 공시 (○ | ×) 가격이 100억원인 경우 종합부동산세 과세대상이다.

02 과세기준일 현재 세대원 중 1인과 그 배우자만이 공동으로 1주택을 소유하고 해당 세대원 (○ | ×) 및 다른 세대원이 다른 주택을 소유하지 아니한 경우 신청하지 않더라도 공동명의 1주택 자를 해당 1주택에 대한 납세의무자로 한다.

03 1세대 1주택자에 대하여는 주택분 종합부동산세 산출세액에서 소유자의 연령과 주택 (○ | ×) 보유기간에 따른 공제액을 공제율 합계 100분의 80의 범위에서 중복하여 공제한다.

04 납세의무자가 법인이며 3주택 이상을 소유한 경우 소유한 주택 수에 따라 과세표준에 (○ | ×) 0.5%~5%의 세율을 적용하여 계산한 금액을 주택분 종합부동산세액으로 한다.

05 종합부동산세의 물납은 허용되지 않는다. (○ | ×)

06 별도합산과세대상인 토지의 재산세로 부과된 세액이 세부담 상한을 적용받는 경우 그 (○ | ×) 상한을 적용받기 전의 세액을 별도합산과세대상 토지분 종합부동산세액에서 공제한다.

07 관할 세무서장이 종합부동산세를 부과·징수하는 경우 납세고지서에 주택 및 토지로 (○ | ×) 구분한 과세표준과 세액을 기재하여 납부기간 개시 5일 전까지 발부하여야 한다.

08 납세의무자는 선택에 따라 신고·납부할 수 있으나, 신고를 함에 있어 납부세액을 과소 (○ | ×) 하게 신고한 경우라도 과소신고가산세가 적용되지 않는다.

09 관할 세무서장은 종합부동산세로 납부하여야 할 세액이 400만원인 경우 최대 150만원의 (○ | ×) 세액을 납부기한이 지난 날부터 6개월 이내에 분납하게 할 수 있다.

10 주택분 종합부동산세액을 계산할 때 1주택을 여러 사람이 공동으로 매수하여 소유한 (○ | ×) 경우 공동 소유자 각자가 그 주택을 소유한 것으로 본다.

정답과 해설

CHAPTER 01 ▶ 01 ×, 재산세 분리과세대상 토지는 종합부동산세 과세대상이 아니다. **02** ×, 9월 16일부터 9월 30일까지 관할 세무서장에게 신청해야 한다. **03** ○ **04** ×, 5%의 비례세율을 적용한다. **05** ○ **06** ×, 상한을 적용받은 세액을 공제한다. **07** ○ **08** ×, 납세의무자는 선택에 따라 신고·납부할 수 있으나, 신고를 함에 있어 납부세액을 과소하게 신고한 경우에는 과소신고가산세가 적용될 수 있다. **09** ○ **10** ○

CHAPTER 02 | 종합소득세

01 지상권의 대여로 인한 소득은 부동산임대업에서 발생한 소득에 포함된다. (O | X)

02 주거용 건물 임대업에서 발생한 결손금은 종합소득과세표준을 계산할 때 공제한다. (O | X)

03 부부가 각각 주택을 1채씩 보유한 상태에서 그중 1주택을 임대하고 연간 1,800만원의 임대료를 받았을 경우 주택임대에 따른 소득세가 분리과세될 수 있다. (O | X)

04 국외에 소재하는 주택의 임대소득은 주택 수에 관계없이 과세하지 아니한다. (O | X)

05 3주택(주택 수에 포함되지 않는 주택 제외) 이상을 소유한 거주자가 주택과 주택부수토지를 임대(주택부수토지만 임대하는 경우 제외)한 경우에는 법령으로 정하는 바에 따라 계산한 금액(간주임대료)을 총수입금액에 산입한다. (O | X)

06 국내에 소재하는 논·밭을 작물 생산에 이용하게 함으로써 발생하는 사업소득은 소득세를 과세하지 아니한다. (O | X)

07 거주자의 부동산임대업에서 발생하는 사업소득의 납세지는 부동산 소재지로 한다. (O | X)

CHAPTER 03 | 양도소득세

01 국내자산의 경우 등기되지 않은 부동산임차권의 양도는 「소득세법」상 거주자의 양도소득세 과세대상이 아니다. (O | X)

02 「소득세법 시행령」 제151조 제1항에 따른 양도담보계약을 체결한 후 채무불이행으로 인하여 당해 자산을 변제에 충당한 때는 「소득세법」상 양도에 해당한다. (O | X)

03 「도시개발법」에 따른 환지처분으로 교부받은 토지의 면적이 환지처분에 의한 권리면적보다 증가한 경우 그 증가된 면적의 토지에 대한 취득시기는 환지처분의 공고가 있은 날의 다음 날이다. (O | X)

정답과 해설

CHAPTER 02 ▶ 01 O **02** O **03** O **04** ×, 국외에 소재하는 주택의 임대소득은 주택 수에 관계없이 과세한다. **05** ×, 주택의 보증금등의 합계액이 3억원을 초과하는 경우에 한한다. **06** O **07** ×, 주소지 또는 거소지로 한다.
CHAPTER 03 ▶ 01 O **02** O **03** O

04 취득 당시 실지거래가액을 확인할 수 없는 경우에는 매매사례가액, 환산취득가액, 감정가액, 기준시가를 순차로 적용하여 산정한 가액을 취득가액으로 한다. (○ | ×)

05 이월과세를 적용하는 경우 거주자가 배우자로부터 증여받은 자산에 대하여 납부한 증여세를 필요경비에 산입하지 아니한다. (○ | ×)

06 국외토지의 양도에 대한 양도소득세를 계산하는 경우에는 장기보유특별공제액은 공제하지 아니한다. (○ | ×)

07 「소득세법」상 미등기양도자산(미등기양도 제외 자산 아님)의 경우 실지거래가액 이외의 가액을 취득가액으로 할 때 필요경비개산공제 적용을 배제한다. (○ | ×)

08 예정신고를 하지 않은 경우 확정신고를 하면, 예정신고에 대한 가산세는 부과되지 아니한다. (○ | ×)

09 양도차익이 없거나 양도차손이 발생한 경우에도 예정신고하여야 한다. (○ | ×)

10 건물을 신축하고 그 신축한 건물의 취득일부터 5년 이내에 해당 건물을 양도하는 경우로서 취득 당시의 실지거래가액을 확인할 수 없어 환산취득가액을 그 취득가액으로 하는 경우에는 양도소득세 산출세액의 100분의 5에 해당하는 금액을 양도소득 결정세액에 더한다. (○ | ×)

11 양도차익을 실지거래가액에 의하는 경우 양도가액에서 공제할 취득가액은 그 자산에 대한 감가상각비로서 각 과세기간의 사업소득금액을 계산하는 경우 필요경비에 산입한 금액이 있을 때에는 이를 공제하지 않은 금액으로 한다. (○ | ×)

12 건설업자가 「도시개발법」에 따라 공사용역대가로 취득한 체비지를 토지구획환지처분 공고 전에 양도하는 토지는 미등기양도자산에 해당하지 않는다. (○ | ×)

13 거주자가 양도한 보유기간이 10개월인 「소득세법」에 따른 국내소재자산의 분양권에 적용되는 양도소득세 세율은 100분의 70이다. (○ | ×)

정답과 해설

04 ×, 취득 당시 실지거래가액을 확인할 수 없는 경우에는 매매사례가액, 감정가액, 환산취득가액, 기준시가를 순차로 적용하여 산정한 가액을 취득가액으로 한다.   **05** ×, 이월과세를 적용하는 경우 거주자가 배우자로부터 증여받은 자산에 대하여 납부한 증여세를 필요경비에 산입한다.   **06** ○   **07** ×, 미등기양도 시 저율의 필요경비개산공제를 적용한다(0.3% 등).   **08** ×, 예정신고는 강제사항으로 무신고 시 가산세가 부과될 수 있다.   **09** ○   **10** ×, 환산취득가액의 100분의 5에 해당하는 금액을 양도소득 결정세액에 더한다.   **11** ×, 공제한 금액으로 한다.   **12** ○   **13** ○

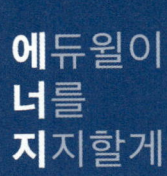

삶의 순간순간이
아름다운 마무리이며
새로운 시작이어야 한다.

– 법정 스님

여러분의 작은 소리
에듀윌은 크게 듣겠습니다.

본 교재에 대한 여러분의 목소리를 들려주세요.
공부하시면서 어려웠던 점, 궁금한 점,
칭찬하고 싶은 점, 개선할 점, 어떤 것이라도 좋습니다.

에듀윌은 여러분께서 나누어 주신 의견을
통해 끊임없이 발전하고 있습니다.

에듀윌 도서몰 book.eduwill.net
- 부가학습자료 및 정오표: 에듀윌 도서몰 → 도서자료실
- 교재 문의: 에듀윌 도서몰 → 문의하기 → 교재(내용, 출간) / 주문 및 배송

2025 에듀윌 공인중개사 2차 단원별 기출문제집 부동산세법

발 행 일	2025년 1월 23일 초판
편 저 자	한영규
펴 낸 이	양형남
펴 낸 곳	㈜에듀윌
ISBN	979-11-360-3640-7
등록번호	제25100-2002-000052호
주 소	08378 서울특별시 구로구 디지털로34길 55 코오롱싸이언스밸리 2차 3층

* 이 책의 무단 인용·전재·복제를 금합니다.

www.eduwill.net
대표전화 1600-6700

에듀윌 **직영학원**에서 합격을 수강하세요

언제나 전문 학습 매니저와 상담이 가능한 안내데스크

고품질 영상 및 음향 장비를 갖춘 최고의 강의실

재충전을 위한 카페 분위기의 아늑한 휴게실

에듀윌의 상징 노란색의 환한 학원 입구

에듀윌 직영학원 대표전화

공인중개사 학원	02)815-0600	공무원 학원	02)6328-0600	편입 학원	02)6419-0600
주택관리사 학원	02)815-3388	소방 학원	02)6337-0600	부동산아카데미	02)6736-0600
전기기사 학원	02)6268-1400				

공인중개사학원 바로가기

합격하고 꼭 해야 할 것 1

에듀윌 공인중개사
동문회 특권

1. 에듀윌 공인중개사 합격자 모임

2. 앰배서더 가입 자격 부여

3. 동문회 인맥북

업계 최대 네트워크

4. 개업 축하 선물

5. 온라인 커뮤니티

부동산 정보 실시간 공유

6. 오프라인 커뮤니티

지부/기수 정기모임

7. 공인중개사 취업박람회

8. 동문회 주최 실무 특강

9. 프리미엄 복지혜택
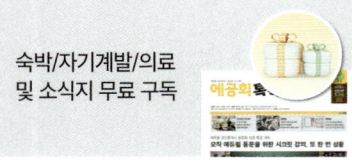
숙박/자기계발/의료 및 소식지 무료 구독

10. 마이오피스

동문 사무소 등록/조회

11. 동문회와 함께하는 사회공헌활동

※ 본 특권은 회원별로 상이하며, 예고 없이 변경될 수 있습니다.

에듀윌 공인중개사 동문회 | dongmun.eduwill.net
문의 | 1600-6700

합격하고 꼭 해야 할 것 2

에듀윌 부동산 아카데미 강의 듣기

성공 창업의 필수 코스
부동산 창업 CEO 과정

1 튼튼 창업 기초
- 창업 입지 컨설팅
- 중개사무 문서작성
- 성공 개업 실무TIP

2 중개업 필수 실무
- 온라인 마케팅
- 세금 실무
- 토지/상가 실무
- 재개발/재건축

3 실전 Level-Up
- 계약서작성 실습
- 중개영업 실무
- 사고방지 민법실무
- 빌딩 중개 실무
- 부동산경매

4 부동산 투자
- 시장 분석
- 투자 정책

부동산으로 성공하는
컨설팅 전문가 3대 특별 과정

마케팅 마스터
- 데이터 분석
- 블로그 마케팅
- 유튜브 마케팅
- 실습 샘플 파일 제공

디벨로퍼 마스터
- 부동산 개발 사업
- 유형별 절차와 특징
- 토지 확보 및 환경 분석
- 사업성 검토

빅데이터 마스터
- QGIS 프로그램 이해
- 공공데이터 분석 및 활용
- 컨설팅 리포트 작성
- 토지 상권 분석

경매의 神과 함께 '중개'에서
'경매'로 수수료 업그레이드

- 공인중개사를 위한 경매 실무
- 투자 및 중개업 분야 확장
- 고수들만 아는 돈 되는 특수 물권
- 이론(기본) - 이론(심화) - 임장 3단계 과정
- 경매 정보 사이트 무료 이용

실전 경매의 神
안성선
이주왕
장석태

에듀윌 부동산 아카데미 | uland.eduwill.net
문의 | 온라인 강의 1600-6700, 학원 강의 02)6736-0600

꿈을 현실로 만드는
에듀윌

DREAM

공무원 교육
- 선호도 1위, 신뢰도 1위! 브랜드만족도 1위!
- 합격자 수 2,100% 폭등시킨 독한 커리큘럼

자격증 교육
- 9년간 아무도 깨지 못한 기록 합격자 수 1위
- 가장 많은 합격자를 배출한 최고의 합격 시스템

직영학원
- 검증된 합격 프로그램과 강의
- 1:1 밀착 관리 및 컨설팅
- 호텔 수준의 학습 환경

종합출판
- 온라인서점 베스트셀러 1위!
- 출제위원급 전문 교수진이 직접 집필한 합격 교재

어학 교육
- 토익 베스트셀러 1위
- 토익 동영상 강의 무료 제공

콘텐츠 제휴 · B2B 교육
- 고객 맞춤형 위탁 교육 서비스 제공
- 기업, 기관, 대학 등 각 단체에 최적화된 고객 맞춤형 교육 및 제휴 서비스

부동산 아카데미
- 부동산 실무 교육 1위!
- 상위 1% 고소득 창업/취업 비법
- 부동산 실전 재테크 성공 비법

학점은행제
- 99%의 과목이수율
- 16년 연속 교육부 평가 인정 기관 선정

대학 편입
- 편입 교육 1위!
- 최대 200% 환급 상품 서비스

국비무료 교육
- '5년우수훈련기관' 선정
- K-디지털, 산대특 등 특화 훈련과정
- 원격국비교육원 오픈

에듀윌 교육서비스 **공무원 교육** 9급공무원/소방공무원/계리직공무원 **자격증 교육** 공인중개사/주택관리사/손해평가사/감정평가사/노무사/전기기사/경비지도사/검정고시/소방설비기사/소방시설관리사/사회복지사1급/대기환경기사/수질환경기사/건축기사/토목기사/직업상담사/전기기능사/산업안전기사/건설안전기사/위험물산업기사/위험물기능사/유통관리사/물류관리사/행정사/한국사능력검정/한경TESAT/매경TEST/KBS한국어능력시험·실용글쓰기/IT자격증/국제무역사/무역영어 **어학 교육** 토익 교재/토익 동영상 강의 **세무/회계** 전산세무회계/ERP정보관리사/재경관리사 **대학 편입** 편입 영어·수학/연고대/의약대/경찰대/논술/면접 **직영학원** 공무원학원/소방학원/공인중개사 학원/주택관리사 학원/전기기사 학원/편입학원 **종합출판** 공무원·자격증 수험교재 및 단행본 **학점은행제** 교육부 평가인정기관 원격평생교육원(사회복지사2급/경영학/CPA) **콘텐츠 제휴·B2B 교육** 교육 콘텐츠 제휴/기업 맞춤 자격증 교육/대학취업역량 강화 교육 **부동산 아카데미** 부동산 창업CEO/부동산 경매 마스터/부동산 컨설팅 **주택취업센터** 실무 특강/실무 아카데미 **국비무료 교육(국비교육원)** 전기기능사/전기(산업)기사/소방설비(산업)기사/IT(빅데이터/자바프로그램/파이썬)/게임그래픽/3D프린터/실내건축디자인/웹퍼블리셔/그래픽디자인/영상편집(유튜브) 디자인/온라인 쇼핑몰광고 및 제작(쿠팡, 스마트스토어)/전산세무회계/컴퓨터활용능력/ITQ/GTQ/직업상담사

교육문의 **1600-6700** www.eduwill.net

• 2022 소비자가 선택한 최고의 브랜드 공무원·자격증 교육 1위 (조선일보) • 2023 대한민국 브랜드만족도 공무원·자격증·취업·학원·편입·부동산 실무 교육 1위 (한경비즈니스) • 2017/2022 에듀윌 공무원 과정 최종 환급자 수 기준 • 2023년 성인 자격증, 공무원 직영학원 기준 • YES24 공인중개사 부문, 2025 에듀윌 공인중개사 오시훈 합격서 부동산공법 (핵심이론+체계도) (2024년 12월 월별 베스트) 교보문고 취업/수험서 부문, 2020 에듀윌 농협은행 6급 NCS 직무능력평가+실전모의고사 4회 (2020년 1월 27일~2월 5일, 인터넷 주간 베스트) 그 외 다수 Yes24 컴퓨터활용능력 부문, 2024 컴퓨터활용능력 1급 필기 초단기끝장(2023년 10월 3~4주 주별 베스트) 그 외 다수 인터파크 자격서/수험서 부문, 에듀윌 한국사능력검정시험 2주끝장 심화 (1, 2, 3급) (2020년 6~8월 월간 베스트) 그 외 다수 • YES24 국어 외국어사전 영어 토익/TOEIC 기출문제/모의고사 분야 베스트셀러 1위 (에듀윌 토익 READING RC 4주끝장 리딩 종합서, 2022년 9월 4주 주별 베스트) • 에듀윌 토익 교재 입문~실전 인강 무료 제공 (2022년 최신 강좌 기준/109강) • 2023년 종강반 중 모든 평가 항목 정상 참여자 기준, 99% (평생교육원 사회교육원 기준) • 2008년~2023년까지 약 220만 누적수강학점으로 과목 운영 (평생교육원 기준) • 에듀윌 국비교육원 구로센터 고용노동부 지정 '5년우수훈련기관' 선정 (2023~2027) • KRI 한국기록원 2016, 2017, 2019년 공인중개사 최다 합격자 배출 공식 인증 (2025년 현재까지 업계 최고 기록)